SLOW CARB
FÜR EINSTEIGER

Rebecca Schilling

SLOW CARB
FÜR EINSTEIGER

Schnell schlank ohne Hunger

Fotos Grossmann.Schuerle

CHRISTIAN

Inhalt

Vorwort

Geht es Ihnen auch so? Man würde sich schon gern gesünder und aus-
gewogener ernähren und dabei vielleicht auch das eine oder andere Kilo
verlieren. Aber Diäten machen unglücklich. Sie funktionieren nicht dauerhaft, sind einseitig und schmecken nicht. Und dieser ewige Verzicht, den
eine Diät mit sich bringt, ist doch furchtbar, finden Sie nicht? Sich zuerst
tage- oder wochenlang von Pasta, Kuchen und Eiscreme fernzuhalten,
um sich nach der Askese doch wieder ausgehungert darauf zu stürzen.
Die Konsequenz: mehr Kilos auf den Hüften als zuvor und dazu noch ein
Riesenfrust im Bauch.

Lieber „slow" zum Ziel

Schluss damit! Kicken Sie die „5 Kilo in 5 Tagen"-Diäten in die Tonne! Ab
heute ist eine neue kulinarische Epoche angebrochen – eine Epoche
der Langsamkeit. In Zeiten, wo immer alles schnell und hektisch gehen
soll, eine wohltuende Insel des guten Geschmacks. Die Ernährungsform
dieses Buches heißt „Slow Carb". Hier stehen die langsamen Kohlenhydrate im Fokus, die in Vollkornprodukten, Hülsenfrüchten und Gemüse
stecken. Warum langsam? Diese Kohlenhydrate werden vom Körper nicht
so schnell verheizt. Das bedeutet, dass man lange satt ist, keinen Heißhunger mehr hat und damit auch erfolgreich und dauerhaft abnehmen
kann. Sie werden sich fitter und leichter fühlen. Und das Wichtigste: Sie
werden zufrieden und glücklich dabei sein. Denn die Slow-Carb-Ernährung
schmeckt richtig klasse. Pur, natürlich und nach all den aromatischen
Zutaten, die drin sind.

Keine Diät, sondern
ein Lebensgefühl

Slow Carb ist keine Diät, die man mal zwei Wochen macht. Sie hat viel mehr das Zeug dazu, eine Ernährung für das ganze Leben zu werden. Sie ist gesund und ausgewogen und die Mahlzeiten werden der ganzen Familie schmecken. Die Rezepte in diesem Buch sind herrliche Inspirationen, um in dieses tolle Ernährungskonzept einzutauchen und es kulinarisch zu erforschen.

Vielleicht werden Sie staunen, dass Sie in diesem Buch Rezepte für Kuchen, Muffins und Eiscreme finden. Dass Pasta-Gerichte dabei sind, Pizza, Croissants und Pancakes. Klare Antwort: Natürlich gehören auch solche Rezepte in dieses Kochbuch, denn was wäre ein Leben ohne Nudeln und Co.? Essen soll Spaß machen, gut schmecken und in den Alltag passen. Der Trick ist, dass alle Rezepte so austariert sind, dass sie einen hohen Anteil an Slow Carbs enthalten. Statt heller Nudeln also Vollkornnudeln, statt Blätterteig-Croissants gibt es Chiasamen-Croissants. Abgerundet wird das Ganze durch viel Gemüse, Hülsenfrüchte, Fleisch und Fisch. Verzicht gehört der Vergangenheit an. Und das ist gut so!

Viel Freude beim Ausprobieren und Genießen!

Ihre   Rebecca Schilling

Theorie

Willkommen bei den Slow Carbs!

Und willkommen im Reich des Genusses! Dieses Buch ist kein Diätbuch, sondern eine Einladung in eine Ernährungsform, die köstlich schmeckt, die satt und glücklich macht und mit der Sie ohne Verzicht dauerhaft abnehmen und Ihr Gewicht halten können.

Egal, wie Ihr Ziel aussieht – ob Sie abnehmen, Ihr Gewicht halten oder sich einfach besser ernähren möchten – beim Erreichen Ihres Wunsches helfen Ihnen die Slow Carbs, die langsamen Kohlenhydrate. Was das eigentlich ist und wie das Ganze funktioniert, erfahren Sie hier.

Was sind Kohlenhydrate?

Sie sind in aller Munde, doch scheint es so, als sollte man sie nicht mehr in den Mund nehmen. Denn was man in den vergangenen Jahren über Kohlenhydrate gehört hat, war meist nichts Gutes. Viele behaupten: Kohlenhydrate machen dick. Und man sollte sie meiden, wenn man auf seine Figur achten oder abnehmen will.

Diese Vorverurteilung ist viel zu pauschal. Kohlenhydrate sollten nicht per se verteufelt und komplett vom Speiseplan gestrichen werden. Denn zum einen sind Kohlenhydrate ein wertvoller Nährstoff für uns und zum anderen sind Kohlenhydrate nicht gleich Kohlenhydrate. Es lohnt sich also, die Carbs („carb" ist die Abkürzung für das englische Wort „carbohydrates", deutsch: Kohlenhydrate) mal genauer zu betrachten.

DAS NÄHRSTOFFTRIO

Es gibt drei große Nährstoffgruppen, aus denen Lebensmittel hauptsächlich bestehen: Eiweiß, Fett und Kohlenhydrate. Eiweiße, auch Proteine genannt, sind das wichtigste Baumaterial für den Körper. Mit ihnen lassen sich neue Zellen aufbauen oder bestehende Zellen reparieren. Eiweiß ist unentbehrlich für die Funktion der Muskeln, für das Bindegewebe, für Haare und Nägel und vieles mehr. Fette dienen als sehr ergiebige Energieträger, werden aber auch als Baustoff zum Beispiel für Zellmembranen verwendet. Kohlenhydrate dienen dem Organismus als Energiequelle und Energiereserve.

SIND KOHLENHYDRATE GLEICH ZUCKER?

Im Prinzip ja. Jedes Kohlenhydrat besteht aus Zuckermolekülen, also Zuckerbausteinen. Je nachdem, wie viele Zuckermoleküle es sind, hat das Kohlenhydrat einen anderen Geschmack (ein Zuckermolekül: sehr süß; viele Zuckermoleküle: wenig süß) und eine andere Wirkung im Körper.

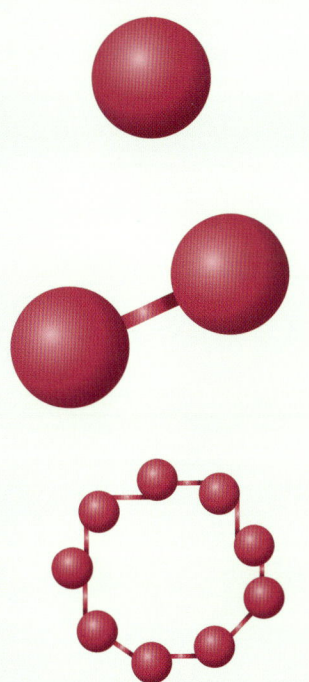

Einfachzucker

(Monosaccharide)

Zweifachzucker

(Disaccharide)

Vielfachzucker

(Polysaccharide)

Man klassifiziert Kohlenhydrate also danach, aus wie vielen Zuckermolekülen sie sich zusammensetzen. Eins? Zwei? Oder gleich ganz viele davon?

Ist nur ein Zuckermolekül vorhanden, spricht man von Einfachzuckern oder Monosacchariden. Zu den Einfachzuckern gehören Traubenzucker (Glukose), Fruchtzucker (Fruktose) sowie Schleimzucker (Galaktose). Diese einzelnen Zuckermoleküle stecken zum Beispiel in Obst und Honig.

Finden sich zwei Einfachzucker zusammen, nennt man dieses Pärchen Zweifachzucker. Er begegnet uns im Alltag zum Beispiel in Milch (Laktose), in Bier (Maltose) und im normalen Haushaltszucker (Saccharose).

Verbinden sich drei bis neun Einfachzucker zu einer Kette, entstehen Mehrfachzucker (auch Oligosaccharide genannt). Sie stecken zum Beispiel in Hülsenfrüchten wie Linsen und Bohnen.

Besteht die Kette aus zehn oder mehr Zuckermolekülen, wird sie als Vielfachzucker oder Polysaccharid bezeichnet. Hierzu zählen sowohl Stärke (zum Beispiel in Kartoffeln und Nudeln) wie auch Ballaststoffe.

EINE REISE DURCH DEN KÖRPER

Wie die anderen Nährstoffe auch werden Kohlenhydrate im Körper verstoffwechselt, um einzelne Bausteine zu erhalten. Bei Kohlenhydraten bedeutet das, dass die Zuckerketten in die einzelnen Zuckermoleküle zerteilt werden. Ziel des Körpers ist nämlich, möglichst viel Glukose zu generieren. Denn das ist der bevorzugte Kraftstoff des Gehirns. Das Gehirn benötigt viel Energie für seine tägliche Arbeit.

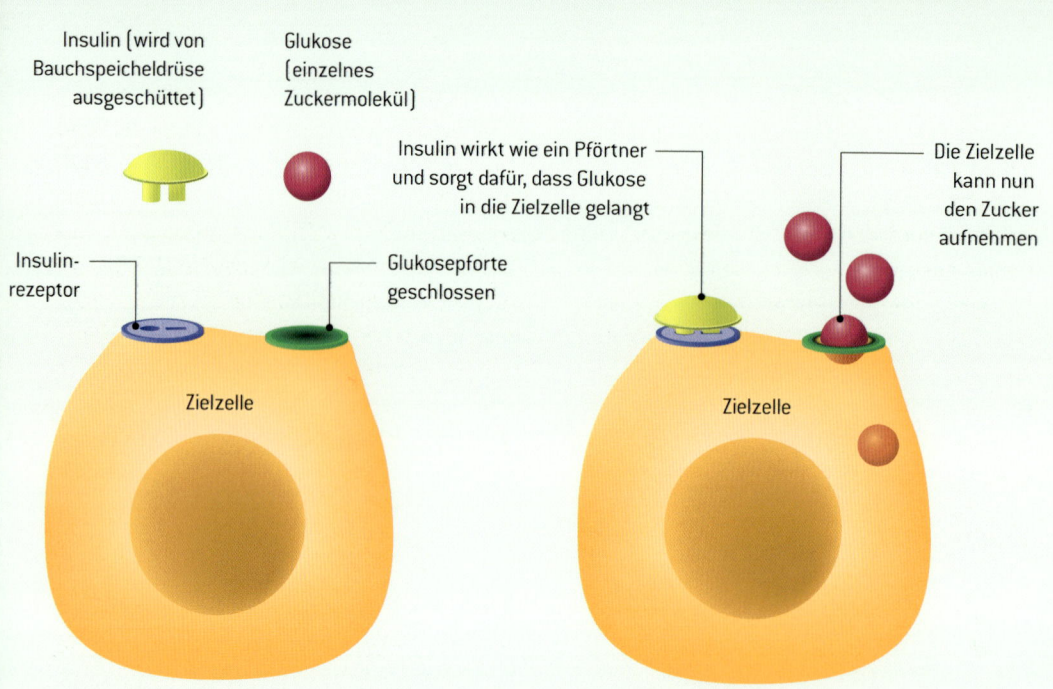

Insulin (wird von Bauchspeicheldrüse ausgeschüttet)

Glukose (einzelnes Zuckermolekül)

Insulin-rezeptor

Insulin wirkt wie ein Pförtner und sorgt dafür, dass Glukose in die Zielzelle gelangt

Glukosepforte geschlossen

Zielzelle

Die Zielzelle kann nun den Zucker aufnehmen

Zielzelle

Schnell verfügbare Energie für das Gehirn liefern Ein- oder Zweifachzucker, denn sie können die Darmwand sofort passieren. Sie gelangen direkt in die Blutbahn und von dort zum Beispiel zu den Muskeln oder ins Gehirn. Hat das Gehirn also gerade einen Mangel an Energie, lechzt es nach schnell verfügbarer Glukose. Jetzt ist die Gefahr groß, die Schublade mit Gummibärchen, Bonbons und Co. zu plündern.

Die langkettigen Kohlenhydrate hingegen müssen von den Verdauungsenzymen erst gespalten werden. Das bedeutet, dass die kleinen Bausteine erst nach und nach in die Blutbahn und somit auch zum Gehirn gelangen. Der Vorteil daran: Man ist lang anhaltend mit Energie versorgt und bekommt weniger schnell (Heiß-) Hunger. Die langkettigen Kohlenhydrate sind also die langsamen (englisch: slow) Kohlenhydrate, die der Ernährungsweise „Slow Carb" ihren Namen gegeben haben.

DIE SACHE MIT DEM INSULIN

Von Insulin haben Sie bestimmt schon mal was gehört, oder? Vielleicht, dass es ein Dickmacherhormon ist. Oder dass Diabetiker Probleme mit dem Insulin haben. Alles in allem gewinnt man den Eindruck, dass Insulin eher Feind als Freund ist. Dabei hat Insulin natürlich seinen Sinn im Körper. Sobald Zuckermoleküle im Blut zirkulieren, schüttet die Bauchspeicheldrüse das Hormon Insulin aus. Es sorgt dafür, dass die Zielzellen den Zucker auch wirklich aufnehmen können. Insulin fungiert also wie ein Pförtner. Problematisch wird dieses System erst, wenn zu viel Zucker im Blut kreist oder laufend neuer Zuckernachschub kommt. Dann können die Zellen nichts mehr aufnehmen, das Zuviel an Zucker wird in Fett umgewandelt und das Insulin hilft nun dabei, dieses Fett ins Fettgewebe einzulagern. Als Reserve für später sozusagen. Oder – aus anderer Sichtweise betrachtet – als unschöne

Fettpölsterchen, die man eigentlich gar nicht haben wollte. Zudem droht nach einem ausgiebigen Zuckermahl Heißhunger. Warum? Zirkuliert sehr viel Zucker im Blut, wird üppig Insulin ausgeschüttet. Das viele Insulin erledigt seine Aufgabe sehr gut und sorgt rasch dafür, den Zucker aus dem Blut in die Zellen zu verfrachten. Damit sinkt der Blutzucker schnell ab, man gerät in eine Unterzuckerung und der Jieper auf neuen Süßigkeitennachschub wächst.

Es geht nicht darum, das Insulin auszubooten, sondern vielmehr darum, Hand in Hand mit dem Insulin zu arbeiten. Süßigkeiten und Softdrinks unterstützen den Teufelskreis von Zuckerzufuhr–

Insulinausschüttung–Unterzuckerung–Heißhunger–erneute Zuckerzufuhr. Viel sinnvoller ist es deshalb, auf komplexe Kohlenhydrate zu setzen, also etwa Vollkornnudeln oder ungeschälten Reis zu essen. Sie gelangen wie oben beschrieben nur peu à peu ins Blut und können sukzessive in die Zellen geschleust und verbraucht werden. Hier fährt der Stoffwechsel nicht Achterbahn.

Schlankmacher Ballaststoffe

Auch Ballaststoffe gehören zur Gruppe der Kohlenhydrate. Im Gegensatz zu den verwertbaren Zuckermolekülen können Ballaststoffe

Ist Slow Carb gleich Low Carb?

Bei der Slow-Carb-Ernährung stehen die Kohlenhydrate im Mittelpunkt des Interesses. Es geht darum, vor allem die guten, also die langsamen Kohlenhydrate zu verzehren. Langkettige Kohlenhydrate und Ballaststoffe spielen dabei eine zentrale Rolle. Auch bei der Low-Carb-Ernährung stehen die Kohlenhydrate im Fokus. Hier ist allerdings das Ziel, möglichst wenig Kohlenhydrate zu verzehren (englisch

„low" = wenig). Nudeln, Brot und Reis werden – auch in der Vollkornvariante – weitestgehend vom Speiseplan gestrichen.

Viele, die sich Low Carb ernähren, klagen über ein mangelndes Sättigungsgefühl und eine träge Verdauung. Das macht es schwer, diese Kostform auf Dauer durchzuhalten, womit das Risiko des Jo-Jo-Effekts groß ist.

Slow Carb fürs Leben

Das Problem hat man bei Slow Carb nicht. Denn die hochwertigen Kohlenhydrate sättigen lange, helfen beim Abnehmen und machen rundum zufrieden und glücklich. Slow Carb ist keine Crashdiät, die verspricht, fünf Kilo in fünf Tagen abzuspecken. Das

wäre auch höchst unseriös – und gesund ist es schon gar nicht. Slow Carb eignet sich perfekt für eine dauerhafte Ernährungsumstellung: Sie können sich damit ein Leben lang mit viel Genuss verwöhnen. Diese Kost ist absolut ausgewogen und alltagstauglich.

Frisches Gemüse der Saison hilft dabei, reichlich wertvolle Ballaststoffe aufzunehmen.

jedoch nicht als Energielieferant für den Körper genutzt werden, sie sind unverdaulich. Deswegen hat man ihnen auch den Namen gegeben. Ballaststoffe im Sinne von unnötigem Ballast. Der Name ist geblieben, aber heute weiß die Wissenschaft, wie gesund und wertvoll die unverdaulichen Pflanzenfasern für uns sind. Der Clou an Ballaststoffen: Sie binden im Magen-Darm-Trakt Wasser und können stark aufquellen. Somit geht folgende Schlank-Gleichung auf:

Ballaststoffe + Wasser = voller Magen + gute Sättigung

Ballaststoffe helfen dabei, schneller satt zu werden und das auch lange zu bleiben. Zudem sorgen sie für einen ausgeglichenen Blutzuckerspiegel und lösen keine Heißhungerattacken aus. Ganz im Gegenteil: Ballaststoffe sind ideal, um abzunehmen – und das ganz ohne Hunger. Deshalb spielen sie in der Slow-Carb-Ernährung eine große Rolle.

GUTE BALLASTSTOFFQUELLEN

Die Deutsche Gesellschaft für Ernährung (DGE) empfiehlt mindestens 30 Gramm Ballaststoffe pro Tag. Und wo stecken sie drin? Allen voran in Obst und Gemüse sowie Vollkornprodukten. Warum gerade in Vollkornprodukten? Die Ballaststoffe befinden sich vor allem in den Randschichten der Getreidekörner. Deshalb bevorzugt die Slow-Carb-Ernährung Vollkornprodukte, bei denen das gesamte Getreide vermahlen wird. Ein Vollkornmehl zum Beispiel liefert übrigens nicht nur reichlich Ballaststoffe, sondern auch viel mehr Mineralstoffe und Vitamine als ein helles Feinmehl (vgl. auch das Kapitel „Getreide und Pseudogetreide" Seite 22). Auch Hülsenfrüchte und Nüsse sind gute Lieferanten von Ballaststoffen.

LÖSLICH ODER UNLÖSLICH?

Die in Getreide, Hülsenfrüchten, Nüssen und Samen enthaltenen Ballaststoffe sind vor allem sogenannte unlösliche Ballaststoffe. Wie der Name vermuten lässt, sind sie in Wasser unlöslich. Dazu zählen zum Beispiel Zellulose, Hemizellulose und Lignin. Sie können besonders viel Wasser aufnehmen und binden und sorgen somit unter anderem für den gewünschten Sättigungseffekt.

Darüber hinaus gibt es noch die in Wasser löslichen Ballaststoffe wie Pektine, Inulin, Oligofruktose und Agar-Agar. Sie stecken unter anderem in Obst (zum Beispiel Äpfel und Aprikosen), Gemüse (zum Beispiel Topinambur, Artischocken

Die Vorteile auf einen Blick

Ballaststoffe sorgen für eine gute und lang anhaltende Sättigung. Sie halten den Blutzuckerspiegel in Schach und helfen dabei abzunehmen. Allein das macht die Ballaststoffe schon zu den Stars der Slow-Carb-Küche. Es gibt aber noch weitere handfeste Pluspunkte:

- Sie sind Futter für die guten Darmbakterien und sorgen für eine gesunde Darmflora.

- Sie bringen eine träge Verdauung auf Trab.

- Sie können das schädliche LDL-Cholesterin senken.

- Sie beugen durch einen besseren Cholesterinspiegel Bluthochdruck und koronaren Herzerkrankungen vor.

und Chicorée), aber auch in Getreide. Sie fördern das Wachstum der guten Darmbakterien. Zudem können die löslichen Ballaststoffe die Blutfettwerte senken und insbesondere das Cholesterin ausscheiden helfen.

EIN TRINKSPRUCH

Ein Spruch folgt jetzt nicht, wohl aber eine Empfehlung: Trinken Sie im Rahmen einer ballaststoffreichen Ernährung viel. Nur so können die Ballaststoffe aufquellen und für den gewünschten Effekt sorgen. Als Faustregel gelten 40 Milliliter Wasser pro Kilogramm Gewicht und Tag. Bei einer Frau von 60 Kilo sind das 2,4 Liter Wasser am Tag. Treibt man viel Sport, sollte es noch etwas mehr sein. Allerdings liefert auch Gemüse eine große Portion Wasser, sodass Sie nicht alles trinken müssen. Ideale Getränke sind Leitungswasser, Mineralwasser, ungezuckerte Kräuter- und Früchtetees und stark verdünnte Fruchtsäfte.

Ballaststoffanfänger? 9 Einstiegstipps

Der wichtigste Tipp zuerst: Stellen Sie Ihre Ernährung nach und nach um, damit sich Ihr Körper an die Quellstoffe gewöhnen kann. Startet man von 0 auf 100, kann es sonst zu Bauchweh und Blähungen kommen.

Hier weitere Tipps für den Start:

- Essen Sie am Anfang eher gegartes als rohes Gemüse, das ist in der Regel bekömmlicher.

- Mischen Sie beim Backen Mehl mit hoher Typenzahl unter, zum Beispiel Weizenmehl Type 1050 (vgl. Kasten „Kleine Mehlkunde" Seite 27).

- Wenn Ihnen das Vollkornmehl im Gebäck zu kräftig schmeckt, geben Sie intensiv schmeckende Gewürze wie Zimt hinzu. Oder Sie machen einen Schokokuchen mit ein, zwei Esslöffeln rohem Kakaopulver (unverarbeitetes Kakaopulver).

- Wählen Sie auch bei Reis und Nudeln immer öfter die Vollkornvariante.

- Bauen Sie nach und nach mehr Hülsenfrüchte wie Kichererbsen, Linsen und Bohnen in Ihren Speiseplan ein.

- Knabbern Sie Gemüsestreifen wie Paprika- oder Möhrensticks – ob einfach als Snack zwischendurch oder auch zum belegten Brot dazu.

- Eine perfekte Wahl sind pürierte Suppen aus Gemüse. Sie enthalten viele Ballaststoffe und gleichzeitig reichlich Flüssigkeit, die wichtig ist, um von den Vorteilen der Ballaststoffe zu profitieren.

- Auch Smoothies sind eine super Möglichkeit, sich mit Ballaststoffen und Flüssigkeit gleichzeitig zu versorgen. Am besten sind grüne Smoothies, die aus viel grünem Gemüse, Kräutern und Salat, aber relativ wenig Obst bestehen. Denn Obst liefert reichlich Fruchtzucker.

Grüne Smoothies sind eine ideale Möglichkeit, sich mit Flüssigkeit und vielen Ballaststoffen zu versorgen.

Hochwertige Fette wie Olivenöl oder Rapskernöl sollten in der Slow-Carb-Ernährung nicht fehlen.

Fette und Eiweiß

In diesem Buch liegt das Hauptaugenmerk zwar auf den Kohlenhydraten, aber natürlich soll die Slow-Carb-Ernährung auch den täglichen Bedarf an den anderen beiden Hauptnährstoffen Eiweiß – der Fachbegriff lautet Proteine – und Fett decken.

PROTEINE – DIE BAUSTEINE DES LEBENS

Proteine (griechisch für „vorrangig") sind genauso wichtig, wie es ihr Name vermuten lässt: Sie sind die Baustoffe für unseren Körper, die Bausteine des Lebens. Sie bilden das Gerüst für jeden Muskel, jede Sehne, für Haut, Haare und nahezu alle anderen Zellen. Als Bestandteil von Hormonen und Enzymen regeln sie wichtige Stoffwechselabläufe.

Proteine setzen sich aus Aminosäuren zusammen. Unser Körpereiweiß besteht aus 21 verschiedenen Aminosäuren, von denen acht essenziell sind. Diese müssen mit der Nahrung aufgenommen werden, da sie vom Körper nicht selbst hergestellt werden können.

DIE BESTEN EIWEISSQUELLEN

Es ist also wichtig, das „Baustofflager" an Aminosäuren täglich aufzufüllen. Wählen Sie am besten verschiedene Eiweißquellen, denn sie liefern eine breite Palette der verschiedensten Aminosäuren. Fisch, Fleisch, Geflügel, Eier, Milch und Milchprodukte bieten Eiweiß tierischen Ursprungs. Sie können von unserem Körper besonders gut aufgenommen werden. Aber auch Eiweiße pflanzlicher Herkunft sollten regelmäßig auf dem Teller landen. Sie kommen vermehrt in Hülsenfrüchten, Quinoa, Bulgur, Getreide, Samen, Nüssen und Kernen vor.

FETT – ES GEHT NICHT OHNE

Viele haben Angst vor Fett, weil es so viele Kalorien hat. Das stimmt zwar, aber Fett ist lebenswichtig. Fette sind wichtige Baustoffe, Isoliermaterial und bedeutende Signalsubstanzen für das Gehirn und alle Nervenzellen. Fett liefert essenzielle Fettsäuren, die der Körper nicht selbst herstellen kann, aber dringend braucht. Ohne Fett könnte der Körper die wichtigen Vitamine A, D, E und K nicht aufnehmen, denn diese sind fettlöslich. Und last, but not least: Fett ist ein wunderbarer Geschmacksträger.

GUTE FETTE, SCHLECHTE FETTE

Die Frage ist also nicht, ob wir Fett aufnehmen sollten, sondern nur, welches Fett wir verwenden sollten. Slow-Carb-Favoriten sind pflanzliche Fette. Also zum Beispiel kalt gepresstes Olivenöl, Rapskernöl und Leinöl. Auch Nüsse und Samen sowie fette Seefische wie Lachs, Makrele oder Hering spielen eine wichtige Rolle, da sie essenzielle Fettsäuren (Omega-3-Fettsäuren) liefern und sich positiv auf den Cholesterinspiegel auswirken. Zum Kochen und Braten werden in diesem Buch hochwertiges Kokosöl (nicht zu verwechseln mit dem Plattenfett aus dem Supermarkt) und Ghee (eine geklärte Butter indisch-ayurvedischen Ursprungs) eingesetzt.

Gehärtete Fette sollten Sie außen vor lassen. Sie kommen zum Beispiel häufig in Margarine vor. Diese Fette sind zwar pflanzlichen Ursprungs, liefern aber kaum gute Fettsäuren, dafür oft die kritischen Transfettsäuren. Sie sind billig in der Herstellung und gut zu verarbeiten und werden deshalb von der Lebensmittelindustrie auch gern in Fertiggerichten, Keksen, Eis und Schokolade eingesetzt.

Verschiedene Slow-Carb-Ansätze

Man findet sowohl im Buchregal als auch im Internet verschiedene Slow-Carb-Konzepte. Obwohl sie den gleichen Namen tragen, unterscheiden sie sich zum Teil enorm. Einer der bekanntesten Slow-Carb-Ansätze stammt vom Amerikaner Timothy Ferriss. Er hat eine Diät entwickelt, die die Proteine in Form von Eiern, Fleisch und Fisch sowie Hülsenfrüchte und Gemüse in den Vordergrund rückt. Kohlenhydrate werden stark reduziert, auch Getreide und Pseudogetreide in jeglicher Form sind nicht erlaubt. Stattdessen gibt es zum Beispiel industriell stark verarbeitetes isoliertes Brauner-Reis-Protein, Hanfprotein oder Erbsenprotein. Natürliche Lebensmittel sind etwas anderes! Verboten sind auch Milchprodukte, Käse, Sojaprodukte und die meisten Obstsorten (bis auf Zitronen und Limetten). Da diese Kostform weder abwechslungsreich noch ausgewogen ist, empfiehlt Ferriss, Nahrungsergänzungsmittel und apothekenpflichtige Medikamente zu schlucken, um den Vitalstoffmangel auszugleichen.

Isolierte Proteinprodukte? Nahrungsergänzungsmittel? Klingt das in Ihren Ohren gut? Dieses Buch ist bewusst anders ausgerichtet, es basiert auf einer anderen Slow-Carb-Interpretation. Sie ist gesund, ausgewogen, abwechslungsreich und deshalb als dauerhafte Ernährungsumstellung für das ganze Leben geeignet.

Slow Carb für unterwegs? Kein Problem, es gibt tolle Rezepte, die sich vorbereiten und mitnehmen lassen.

Slow Carb
für unterwegs

Häufig ist es nicht das Problem, sich zu Hause Slow-Carb-konforme Mahlzeiten zuzubereiten. Aber wie schaut es unterwegs aus? Die meisten von uns sind tagsüber außer Haus, ob nun im Büro, an der Uni oder auf Reisen. Beim Bäcker lachen uns belegte Weizenbrötchen an, in der Kantine Pommes mit Currywurst und beim Italiener Pizza und Pasta. Leider alles sehr ballaststoffarm. Müssen Sie hier Ihre guten Ernährungsvorsätze über Bord werfen? Zum Glück nicht!

MITTAGESSEN TO GO
Speziell das Mittagessen ist bei vielen eine Mahlzeit, die unterwegs eingenommen wird.

Deshalb sind die meisten Rezepte im Kapitel „Mittagessen" so konzipiert, dass sie sich prima mitnehmen lassen. Strombolis (siehe Seite 92), Belugalinsen-Salat mit Lamm (siehe Seite 87), Summer-Roll-Bowl (siehe Seite 88) oder Gurken-Kimchi mit Rote-Bete-Nuggets (siehe Seite 91) – klingt das nicht ungemein verführerisch? Und all das lässt sich wunderbar am Vorabend oder morgens zu Hause vorbereiten und mitnehmen. Viele der Rezepte schmecken kalt, manche können Sie auch in der Büroküche schnell erwärmen.

NASCHEN, ABER NACH SLOW-CARB-ART
Zugegeben, manchmal sind es gar nicht die herzhaften Snacks, die uns in schwachen Momenten locken, sondern die süßen Sachen. Wie schnell neigt man dazu, schlechten Gewissens in die Gummibärchen-Schublade zu greifen? Ab

sofort haben Bonbons und Co. ausgedient. Süß darf und soll es natürlich trotzdem sein, aber eben viel besser und gesünder. Im Kapitel „Süßes und Desserts" erwarten Sie leckere Kuchen und Muffins, die sich prima zum Genießen unterwegs eignen. Ihr Slow-Carb-Trick? Sie werden mit Vollkornmehlen gebacken, enthalten Trockenfrüchte und zum Teil auch viel Gemüse. Freuen Sie sich auf supersaftigen Süßkartoffel-Ingwer-Kastenkuchen (siehe Seite 152) und quietschgrüne Matcha-Spinat-Küchlein (siehe Seite 151)!

AUSWÄRTS ESSEN

Mit ein wenig Erfahrung und einem trainierten Blick lassen sich auch in Restaurants Slow-Carb-konforme Gerichte finden. Salate mit viel Gemüse, etwas Fleisch, Geflügel oder Fisch und ein paar Kerne darüber sind eine ideale Wahl. Und vielleicht bekommen Sie noch ein schönes Stück Vollkornbrot dazu? Auch Suppen sind gut geeignet. Ob nun eine klare Hühnerbrühe oder eine pürierte Gemüsesuppe: Das bleibt ganz Ihrem Geschmack überlassen.

Perfekt aufgehoben sind Sie in orientalischen, thailändischen oder indischen Lokalen. Currys, Dals und gefülltes Gemüse passen herrlich in die Slow-Carb-Küche und schmecken dank der exotischen Gewürze einfach köstlich.

LUST AUF BURGER, DÖNER UND CO.?

Und sollten Sie mal Lust auf Döner oder Burger haben, ist das auch kein Thema. Bestellen Sie den Döner ohne Brot, dafür mit extraviel Gemüse und Salat. Burger-Restaurants bieten heutzutage häufig Vollkorn-Buns (also Brötchen) als Variante an. Wer es noch kohlenhydratärmer mag, wählt einen „Skinny Burger" – der lässt das Brötchen gleich ganz weg, bietet stattdessen aber mehr Salat. Mittlerweile gibt es auch vegetarische Patties aus Käse, Ei, Pilzen oder Hülsenfrüchten. Auch eine gute Wahl!

Selbst im Supermarkt finden Sie auf die Schnelle ein gutes Slow-Carb-Essen. Sei es ein Edamame-Salat mit Quinoa, Linsen mit Ziegenkäse, Vollkornsandwiches mit Pute oder auch nur ein grüner Smoothie oder ein Birchermüsli.

Sicher transportieren

Eine gute Verpackung ist wichtig, damit die leckeren Slow-Carb-Mahlzeiten auch unfallfrei mitgenommen werden können. Prima sind auslaufsichere Plastik- oder Glasboxen. Auch Schraub- oder Weckgläschen sind bestens geeignet. Wer häufig Speisen mitnehmen möchte, kann sich spezielle Lunchbox-Sets mit Dosen in unterschiedlichen Größen und mit integriertem Besteck anschaffen. Sie lassen sich ineinanderstecken und bieten Platz für verschiedene Komponenten der Mahlzeit. So kann man Fleisch, Gemüse und Dip getrennt voneinander transportieren. Mit Thermobehältern lassen sich Speisen längere Zeit kalt oder warm halten. Alufolie ist keine ideale Lösung. Zum einen aus ökologischen Gründen, zum anderen wegen möglicher Gesundheitsrisiken. Wenn nämlich Saures oder Salziges wie Sauerkraut oder Tomaten in Alufolie eingepackt wird, kann toxisches Aluminium in die Lebensmittel übergehen.

Getreide und Pseudogetreide

In den Rezepten dieses Buches landen oft Reis, Amaranth und Vollkornprodukte als ballaststoffreiche Slow-Carb-Komponente auf dem Teller. Da lohnt es sich, diese wertvollen Lebensmittel mal genauer unter die Lupe zu nehmen. Wer ist eigentlich wer im Getreidedschungel? Und ist das überhaupt alles Getreide?

Getreide

Getreide spielt in der Slow-Carb-Küche eine wichtige Rolle. In vielen Rezepten werden Reis, Grünkern oder auch die Mehle von Weizen, Roggen und Dinkel verwendet. Der Fokus bei den Rezepten in diesem Buch liegt jeweils auf der Vollkornvariante der verschiedenen Getreidesorten. Denn hier ist das ganze Korn inklusive der wertvollen Randschichten enthalten. In den äußeren Schichten der Getreidekörner sitzen viele Mineralstoffe, Vitamine und – bei Slow Carb besonders wichtig – die guten Ballaststoffe. Dieses Prinzip gilt auch für die verwendeten Mehle. Für Brot und Gebäck kommen in den Slow-Carb-Rezepten fast ausschließlich Vollkornmehle und Mehle mit hohen Typenzahlen, die noch einen Großteil der Randschichten enthalten, zum Einsatz. Zum Thema Typenzahl siehe auch Seite 27.

DINKEL – EIN URGETREIDE

Dinkel gehört zu den Urgetreiden, die schon seit der Jungsteinzeit in Europa angebaut wurden. Dinkel schmeckt kräftig und nussig. Aus Dinkel werden Mehle der Typen 630 (entspricht dem Weizenmehl Type 405), 812, 1050 und Dinkelvollkornmehl hergestellt. Dinkelmehl enthält Gluten und lässt sich dank seiner guten Klebereigenschaften zu Hefegebäck, Rührteig und Brot verbacken. Teige aus Dinkelmehl sind meist klebriger und zäher, als man es von Teigen aus Weizenmehl kennt. Das fertige Gebäck ist jedoch schön locker. Im Handel gibt es auch Nudeln aus Dinkelmehl.

Gesundheitsfaktor

Dinkel enthält viel wertvolles Eiweiß, nämlich 15 %, darunter viele essenzielle Aminosäuren. Auch der hohe Ballaststoffgehalt von 10 % macht ihn zum Slow-Carb-Liebling. Zudem liefert er viele B-Vitamine (für die Nerven), Silizium (für Haare und Nägel), Zink (für das Immunsystem) und Mangan (für den Energiehaushalt der Zellen).

GERSTE – NICHT NUR BIERBASIS

Gerste verbindet man eher mit Bier oder Whisky als mit Brot, da sie viel Stärke und wenig Eiweiß liefert und damit eine perfekte Grundlage für Malz ist. Neben Emmer und Einkorn (alte Weizensorten) war Gerste eine der ersten gezielt angebauten Getreidearten. Es war mühsam, sie zu ernten, da die reifen Körner einfach aus der Ähre fielen und aufgesammelt werden mussten. Deshalb begannen die Menschen schon ab 7.000 vor Christus mit der Züchtung von Sorten, die die reifen Körner in der Ähre behalten.

Gerste hat keine sonderlich guten Backeigenschaften und wurde deswegen in den folgenden Jahrhunderten diesbezüglich von anderen Getreidearten überflügelt. Aus Gerste werden aber zum Beispiel Gerstengraupen gewonnen. Die geschälten, geschliffenen und polierten Körner eignen sich zur Herstellung von Suppen und Eintöpfen. Manchen sind sie aus Kriegszeiten noch als wenig schmackhafter Brei in Erinnerung. Doch daraus lassen sich auch köstliche Gerichte zaubern.

Aus Gerste lassen sich zum Beispiel Gerstengraupen gewinnen, die köstlich in Suppen und Eintöpfen schmecken.

Hirse ist besonders reich an Vitaminen, Mineralstoffen und Spurenelementen.

Gesundheitsfaktor

Gerstengraupen sind fettarm (gerade mal gut 1 % Fettgehalt), gut bekömmlich und leicht verdaulich. Da bei ihnen die Randschichten wegpoliert wurden, sind viele der Mineralien, Vitamine und Spurenelemente verloren gegangen. Dennoch sind Gerstengraupen eine schöne Ergänzung und Abwechslung für den Speiseplan.

GRÜNKERN – DER FRÜHREIFE

Grünkern ist unreif geernteter Dinkel, der geröstet und getrocknet wird. Durch diese Spezialbehandlung bekommt er seine namensgebende olivgrüne Farbe und einen intensiven, nussartigen, leicht rauchigen Geschmack. Grünkern bekommt man als ganzes Korn oder bereits zerkleinert als Schrot, Grieß oder Mehl. Der Erzählung nach hat man Grünkern das erste Mal im 17. Jahrhundert im badischen Raum hergestellt. Während einer Hungersnot ernteten die Bauern in ihrer Verzweiflung den Dinkel unreif und trockneten und darrten ihn.

Gesundheitsfaktor

Grünkern ist Nervennahrung, denn der Gehalt an B-Vitaminen ist sehr hoch. Die Vitamine der B-Gruppe bremsen die Aktivität der Stresshormone, kräftigen das Nervensystem und steigern die Leistungsfähigkeit. Für ein Getreide sind der Eiweiß- und der Eisengehalt top (100 Gramm Grünkern deckt fast die Hälfte des Tagesbedarfs an Eisen). Zudem stecken in Grünkern viele wertvolle Mineralstoffe. Mit 100 Gramm lassen sich bereits ein Viertel des Tagesbedarfs an Kalium und 40 % des Tagesbedarfs an Magnesium decken. Kalium spielt eine wichtige Rolle bei der Herstellung von Eiweißen und beim Abbau von Kohlenhydraten, Magnesium verbessert die Sauerstoffversorgung der Zellen.

HIRSE – DIE SCHÖNMACHERIN

Hirse ist eine der ältesten Getreidearten der Welt. Bereits vor mehr als 8.000 Jahren wurde sie angebaut. Charakteristisch ist die Rispenform. In diesen Rispen stecken die kleinen gelben Körner. Andere Getreidearten sind säurebildend, Hirse ist basenbildend. Das ist wichtig für einen ausgeglichenen Säure-Basen-Haushalt des Körpers.

Teff ist eine besonders mineralstoff- und ballaststoffreiche Zwerghirse aus Äthiopien und Eritrea. Aus Teffmehl können hervorragende Brote und Kuchen gebacken werden. Sowohl Hirse als auch Teff sind glutenfrei.

Gesundheitsfaktor

Hirse ist mit reichlich Vitaminen sowie besonders vielen Mineralien und Spurenelementen eine der Vitalstoffbomben unter den Getreiden. Allen voran sei das Spurenelement Silizium erwähnt. Es stärkt das Bindegewebe, kräftigt Haare und Fingernägel und sorgt für ein ebenmäßiges Hautbild. Silizium ist also ein echter Schönmacher. Zudem hat Hirse für ein pflanzliches Lebensmittel einen sehr hohen Eisengehalt. 100 Gramm Hirse decken 70 % des Tagesbedarfs. Für eine optimale Eisenaufnahme Vitamin-C-reiches Obst oder Gemüse dazu verzehren. Denn Eisen kommt in Pflanzen in der sogenannten dreiwertigen Form vor, die nicht so gut vom Darm aufgenommen werden kann. Vitamin C kann das Eisen in die zweiwertige, gut resorbierbare Form überführen.

REIS – DER TAUSENDSASSA

Reis ist in vielen Ländern ein bedeutendes Grundnahrungsmittel. Durch Zucht und Kreuzungen sind unzählige Arten und Unterarten entstanden. Am wichtigsten sind jedoch zwei Gruppen: der Langkorn- und der Rundkornreis.

Einkorn ist eine Weizenart, die schon vor 10.000 Jahren angebaut wurde.

Auch Kamut zählt wie Einkorn zu den Weizenarten und enthält viele Mineralien und Aminosäuren.

Zum Langkornreis zählen der Patna-Reis (unser klassischer Beilagenreis) und Basmati-Reis, zum Rundkornreis gehören Risotto- und Milchreis.

Der schwarze Wildreis, auch Wasserreis genannt, ist rein botanisch gesehen gar kein Reis, sondern gehört zur Familie der Süßgräser. Die Früchte können aber wie Reiskörner verwendet werden. Die nadelförmigen Früchte sind bei der Ernte übrigens noch grün und werden erst bei der Trocknung dunkelbraun-schwarz.

Gesundheitsfaktor

Vollkornreis, Naturreis, brauner Reis – die drei Bezeichnungen meinen das Gleiche, nämlich ge-schälten, aber ungeschliffenen Reis mit vollem Keim. Er enthält mehr Vitamine, Mineralien und vor allem Ballaststoffe und ist deshalb ideal für Slow-Carb-Gerichte. Vollkornreis kocht länger (etwa 30 Minuten), bleibt etwas kernig und schmeckt lecker nussig.

ROGGEN – DER ROBUSTE

Wildroggenarten gab es zwar auch schon um 6.000 vor Christus, doch spielte er bei der Verpflegung der Menschen eine untergeordnete Rolle. Er wurde eher als Unkraut angesehen. Erst ab 500 nach Christus wurde Roggen bedeutender, weil er eine recht robuste Getreideart ist und auch auf ungünstigeren

Kleine Mehlkunde

Aus Getreide lassen sich verschiedenste Mehle herstellen. Diese werden mit der sogenannten Typenzahl näher charakterisiert. Zum Beispiel bei Weizen: Ein Weizenmehl Type 405 ist hell und besonders fein, ein Weizenmehl Type 1050 vergleichsweise dunkler und gröber. Das liegt daran, dass bei Mehl mit einer höheren Typenzahl mehr Schalenbestandteile des Korns enthalten sind. In den Randschichten des Korns befinden sich die meisten Vitamine und Mineralstoffe sowie die wertvollen Ballaststoffe. Das bedeutet, dass ein Mehl mit höherer Typenzahl auch mehr dieser guten Vitalstoffe enthält.

Backeigenschaften der Mehltypen

Für Mehl Type 405 wird vorrangig der im Inneren des Korns liegende Mehlkörper verwendet. Er besteht aus Stärke und ist hell. Die Stärkekörner sind von Klebereiweißen umgeben. Gluten ist solch ein Klebereiweiß, genauer gesagt, eine Mischung von verschiedenen Klebereiweißen. Wie ihr Name schon sagt, können sie vor allem eines gut: kleben. Und davon profitiert man zum Beispiel beim Backen. Denn dank der Klebereiweiße wird der Teig elastisch und geschmeidig.

Ein helles Weizenmehl Type 405 lässt sich wunderbar verbacken, mit Mehlen höherer Typenzahlen ist es schwieriger. Ein Hefeteig aus Vollkornmehl wird in der Regel nicht so luftig und elastisch wie der wohlbekannte Hefeteig aus hellem Weizenmehl, sondern eher fester. Dennoch ist es sinnvoll, mit Vollkornmehlen zu backen. Sie bringen einen wunderbar nussigen Geschmack ins Backwerk und natürlich ihre Fülle an gesunden Vitalstoffen.

Möchte man mit dem Mehl eines Getreides backen, das kein Gluten enthält, hat dieser Teig meist ebenfalls eine andere Konsistenz. Er ist brüchiger, lässt sich schlechter formen und hält weniger gut zusammen. Das ist zum Beispiel bei Teigen aus reinem Hirse- und Teffmehl so, ebenso bei Mehlen aus Pseudogetreide. Wer Gluten verträgt, kann für bessere Backeigenschaften einen Anteil dieses Mehls durch Weizen- oder Dinkelmehl ersetzen.

Heiße Sache

Bleibt noch die Frage nach den krummen Ziffern bei den Mehl-Typenzahlen. Warum exakt 405? Zur Bestimmung der Mehl-Typenzahl verbrennt man eine kleine Menge Mehl bei 900 °C. Die verbleibende Menge setzt sich dann aus den Mineralstoffen zusammen, die in dem Mehl vorhanden waren. Die Typenzahl gibt die Mineralstoffmenge in Milligramm pro 100 Gramm Mehl an. Bei einem Weizenmehl Type 405 sind also 405 Milligramm Mineralstoffe in 100 Gramm Mehl zu finden. Vollkornmehle haben übrigens keine Typenzahl. Sie müssen laut Norm aus den gesamten Bestandteilen der gereinigten Körner bestehen.

Standorten wachsen kann. Heute ist Roggen ein wichtiges Brotgetreide. Brote aus Roggenmehl sind saftig, aromatisch und halten lange. Roggenmehl gibt es in Type 815, 997 und 1150 sowie als Vollkornvariante. Roggen enthält etwas Gluten, allerdings viel weniger als Weizen und Dinkel.

Gesundheitsfaktor
Da Roggen so robust ist, kann er mit wenig Pflanzenschutzmittel angebaut werden. Das hat den Vorteil, dass Roggenmehle kaum belastet sind. Das volle Roggenkorn enthält über 13 % Ballaststoffe, ist also perfekt für die Slow-Carb-Ernährung geeignet. Weiterer Pluspunkt: der hohe Gehalt an Kalium. 100 Gramm decken bereits mehr als ein Viertel des Tagesbedarfs dieses für den Wasserhaushalt so wichtigen Mineralstoffs.

WEIZEN – DER VIELSEITIGE
Weizen ist bei Weitem nicht einfach nur Weizen. Es gibt eine ganze Reihe von Pflanzenarten, die unter diesem Begriff zusammengefasst werden.

Der heutige Weizen ist vermutlich aus der Kreuzung mehrerer Getreide- und Wildgrasarten hervorgegangen. Die ersten von Menschen angebauten Weizenarten waren **Einkorn, Emmer** und **Kamut**. Sie stammen aus dem Vorderen Orient und wurden bereits in der Jungsteinzeit, also vor etwa 10.000 Jahren, angebaut. Einkorn, Emmer und Kamut waren neben Gerste für viele Jahrhunderte die wichtigsten Hauptgetreidearten. Der Weizen, wie wir ihn heute kennen, etablierte sich erst ab dem 11. Jahrhundert. Seit einigen Jahren gewinnen die Urgetreide Einkorn, Emmer und Kamut wieder an Bedeutung, da sie mehr Mineralstoffe und Aminosäuren als Weizen enthalten.

Gesundheitsfaktor
Weizen ist nach Mais und Reis das im Hinblick auf die menschliche Ernährung am dritthäufigsten angebaute Getreide der Welt (713 Millionen Tonnen pro Jahr). Er ist für Menschen in vielen Ländern ein Grundnahrungsmittel. Weizen enthält das Eiweiß Gluten (siehe Kasten „Kleine Mehlkunde"). Für manche Menschen ist Gluten in der Nahrung ein Problem, es kann zu schweren, entzündlichen Autoimmunreaktionen im Darm kommen. Neue Untersuchungen zeigen, dass etwa eine Person von 100 dieses Krankheitsbild aufweist. Umgekehrt bedeutet das aber auch, dass ein Großteil der Menschen Gluten verträgt.

Das Eiweiß des Weizens kann nicht so gut in körpereigene Proteine umgesetzt werden. Man nennt das die biologische Wertigkeit eines Lebensmittels. Isst man Weizen mit zum Beispiel Hülsenfrüchten, lässt sich die biologische Wertigkeit aber steigern.

Pseudogetreide

Amaranth, Buchweizen und Quinoa – sie alle sind sogenannte Pseudogetreide. Der Name „Pseudogetreide" erweckt den Eindruck, hier handle es sich um mehr Schein als Sein. Doch der Name rührt nur von der botanischen Herkunft. Pseudogetreide gehören im botanischen Sinn nämlich nicht zum Getreide, sondern zu anderen Pflanzenfamilien. Ihre Körner werden aber ähnlich wie echtes Getreide verwendet.

Pseudogetreide warten mit einer extrem breiten Palette an Vitaminen und Mineralstoffen auf, von Kalium über Magnesium bis zu den B-Vitaminen. Damit sind sie perfekt für eine ausgewogene Ernährung geeignet und liefern auch Vegetariern und Veganern wertvolle Vitalstoffe. Alle drei aufgeführten Pseudogetreide sind zudem glutenfrei.

Amaranth zählt zu den Pseudogetreiden.
Die kleinen Körnchen schmecken köstlich
und sind echte Vitalstoffbomben.

Das „Gold der Inkas" Quinoa enthält gesunde ungesättigte Fettsäuren, die Herz und Kreislauf fit halten.

AMARANTH – DER NÄHRSTOFFPRIMUS

Amaranth gehört botanisch gesehen zu den Fuchsschwanzgewächsen. Die Samen und Blätter sind essbar. Der Ursprung von Amaranth ist Süd- und Mittelamerika. Dort ist das Pseudogetreide ein Grundnahrungsmittel. Abgeleitet aus dem Griechischen heißt Amaranth so viel wie „unsterblich". Die Azteken hielten die Pflanze für heilig, nutzten sie für ihre Götterzeremonien. Die Körner schmecken leicht süßlich bis mild-nussig. Neben den Körnern findet man im Handel auch luftig-leichten gepufften beziehungsweise gepoppten Amaranth. Die popcornähnlichen Kügelchen sind perfekt für Müsli und Co.

Gesundheitsfaktor

Amaranth ist ein Gigant in puncto Nährstoffen. Der Eiweißgehalt von 15 % ist sehr hoch, auch der Ballaststoffgehalt von über 10 % ist top, sodass dieses Pseudogetreide für alle (S)Low-Carb-Fans ideal ist. Ebenfalls unschlagbar: der Gehalt an Kalium, Kalzium, Phosphor, Magnesium und Eisen. 100 Gramm Amaranth decken fast den kompletten Tagesbedarf an Eisen, drei Viertel des Tagesbedarfs an Phosphor und Magnesium sowie ein Viertel des Tagesbedarfs an Kalium und Kalzium.

BUCHWEIZEN – POWERFOOD IM DREIECK

Buchweizen gehört zur Familie der Knöterichgewächse. Somit ist er nicht – wie der Name vermuten lassen könnte – mit dem Weizen verwandt, sondern mit dem Sauerampfer. Buchweizen stammt ursprünglich aus Südrussland. Aus Russlands und Polens Küchen ist Buchweizen schon seit Langem nicht wegzudenken. Hierzulande kommt er erst langsam wieder in Mode. Die Körnchen sind dreieckig und braun-gräulich. Sie schmecken kräftig und leicht bitter. Der Handel führt Buchweizen als ganze Körner, Grütze, Flocken und Mehl. Am besten immer frisch kaufen, da Buchweizen schnell ranzig wird.

Gesundheitsfaktor

Buchweizen enthält bis zu 12 % Eiweiß. Zudem ist das Eiweiß von besonders hoher Wertigkeit. Insbesondere die Aminosäure Lysin steckt reichlich im Buchweizen. Sie gehört zu den essenziellen Aminosäuren und ist unter anderem wichtig für die Herstellung des „Fett-Taxis" L-Carnitin und damit für die Verbrennung von Körperfett.

QUINOA – FÜR HERZ UND HIRN

Quinoa (sprich „kinwa") gehört botanisch gesehen zu den Gänsefußgewächsen. Eng verwandt sind Spinat und Mangold. Quinoa stammt aus den Anden und zählt dort seit 6.000 Jahren zu den Grundnahrungsmitteln. Unsere Großelterngeneration hat die nahrhaften Samen auch noch regelmäßig gegessen, dann gerieten sie in Vergessenheit. Heute sind sie in jedem Naturkostladen oder Biomarkt zu bekommen. Quinoasamen sind je nach Sorte weiß, rot, grün oder violett, etwa drei Millimeter klein und schmecken nussig. Auch von Quinoa gibt es wie von Amaranth eine gepuffte Variante im Handel.

Gesundheitsfaktor

Das Quinoakorn enthält etwa 5 % Fett, und zwar vor allem ungesättigte, langkettige Fettsäuren. Sogar Omega-3-Fettsäuren sind enthalten, die man sonst vorrangig in Fisch findet. Sie halten Herz und Kreislauf gesund. Der hohe Gehalt an Magnesium und Riboflavin macht Quinoa zu einem idealen Antikopfschmerzsnack. Die beiden Vitalstoffe entspannen die Muskeln beziehungsweise Blutgefäße und unterstützen den Stoffwechsel im Gehirn. Das „Gold der Inkas" ist auch das Gold für Aktive und Sportler. Denn Quinoa ist dank ihrer Topwerte in Sachen Eiweiß, Eisen, Magnesium und Kalzium die perfekte Mahlzeit für Regeneration, Leistungsfähigkeit und Wachstum.

Die wichtigsten Lebensmittel

Einige Lebensmittel werden Ihnen in den Slow-Carb-Rezepten oft über den Weg laufen. Manche sind alte Bekannte, für die es höchste Zeit wird, sie (wieder) zu entdecken, von anderen hören Sie vielleicht zum ersten Mal.

DIE 10 BESTEN SLOW-CARB-LEBENSMITTEL

Es gibt sie: die Stars der Slow-Carb-Küche. Lebensmittel, die mit einem hohen Gehalt an langkettigen Kohlenhydraten punkten und besonders viele Ballaststoffe enthalten. Zudem liefern sie noch reichlich wertvolle Vitamine und Mineralstoffe. Diese Produkte werden Sie in den Rezepten häufiger antreffen. Hier ein kurzer Überblick:

1) LINSEN

Rote Linsen, Belugalinsen, Tellerlinsen, Puy-Linsen – es gibt verschiedene Linsensorten, die sich in Größe und Farbe unterscheiden. Die Kombination von viel Eiweiß und langkettigen Kohlenhydraten, dabei aber wenig Fett, macht Linsen zu einem Top-Slow-Carber. Perfekt auch für Vegetarier, die eine gesunde Eiweißquelle suchen. Die enthaltenen B-Vitamine sorgen für starke Nerven und ein schnelles Oberstübchen.

2) HASELNUSSKERNE

Die Haselnuss ist eine Nuss aus heimischen Gefilden. Sie enthält zwar viel Fett, aber vor allem die gesunden ungesättigten Fettsäuren. Zum Frühstück oder im Müsliriegel genossen, spendet sie viel Energie und macht lange satt. Haselnusskerne enthalten besonders viel Vitamin E. Das Zellschutzvitamin hält die Haut jung und elastisch und strafft das Bindegewebe. Geröstet entfalten die Kerne ihr ganzes Aroma.

3) BEEREN

Himbeeren, Brombeeren, Erdbeeren und Co. schmecken zwar verführerisch süß, enthalten jedoch verhältnismäßig wenig Zucker. Himbeeren liefern keine 5 Gramm verwertbare Kohlenhydrate pro 100 Gramm, die vergleichbare Menge Birne über 12 Gramm Zucker. Das macht Beeren für die (S)Low-Carb-Küche so spannend. Ihr Vitalstoffpaket aus Vitaminen, Antioxidantien, Mineral- und Ballaststoffen ist top.

4) HAFERFLOCKEN

Ein Must-have in jedem Slow-Carb-Küchenschrank. Haferflocken sind ideale Energielieferanten, sie halten den Blutzuckerspiegel in Schach und liefern bestes pflanzliches Eiweiß. Haferflocken machen aber auch noch schön und schlau. Reichlich B-Vitamine und Zink sorgen für tolle Haare, schöne Haut und feste Fingernägel und geben dem Gehirn neue Power.

5) LEINSAMEN

Vor allem ungeschälter Leinsamen enthält viele Ballaststoffe. Mit 35 Gramm Ballaststoffen pro 100 Gramm ist Leinsamen der Highscorer unter allen Nüssen und Samen. Goldener und brauner

Beeren aller Art sind Slow-Carb-Lieblinge. Sie enthalten wenig Zucker und sind ballaststoffreich.

Leinsamen unterscheidet sich in der Fettsäurezusammensetzung. Goldleinsamen enthält mehr Linolsäure (Omega-6-Fettsäure) und weniger Alpha-Linolensäure (Omega-3-Fettsäure) als braune Sorten.

6) TROCKENFRÜCHTE

Im Handel gibt es getrocknete Pflaumen, Datteln, Aprikosen, Kirschen, Cranberrys und viele Sorten mehr. Spezielle Soft-Trockenfrüchte werden mit Wasserdampf veredelt und sind deshalb weicher und saftiger. Beide Varianten schmecken angenehm süß und sind in Kuchen und Smoothies eine fantastische Süßungsmittel-alternative zu konventionellem Zucker. Dank der Extraportion Ballaststoffe sind sie auch ein prima Slow-Carb-Snack.

7) BOHNEN

Interessiert Sie nicht die Bohne? Das wäre schade, denn Bohnen sind das perfekte Slow-Carb-Food. Sie sind sehr ballaststoffreich und deshalb top zur Sättigung und für die Darmgesundheit. Sie enthalten viel Eiweiß und acht essenzielle Aminosäuren. Außerdem punkten Bohnen mit vielen Mineralstoffen und nur wenig Kalorien. Grüne Bohnen haben gerade mal 27 Kalorien pro 100 Gramm.

8) TOPINAMBUR

Den Zweitnamen „Diabetikerknolle" trägt Topinambur nicht zu Unrecht. Denn die Knollen mit dem artischockenähnlichen Geschmack enthalten etwa 16 % Inulin. Dieser lösliche Ballaststoff beeinflusst den Blutzuckerspiegel kaum, weshalb Zuckerkranke ihn beim Kalkulieren der Broteinheiten nicht berechnen müssen. Inulin ist ein wichtiges Prebiotikum, das heißt, es fördert das Wachstum der guten Darmbakterien.

9) KOHL

Wenn es draußen klirrend kalt wird, ist die beste Zeit für Kohl gekommen. Ein Grund, den Winter zu lieben! Wirsing und Co. sind sehr Vitamin-C-reich und unterstützen damit das Immunsystem. Bereits 100 Gramm Kohl liefern die Hälfte der empfohlenen Referenzwerte. Wer die gesunden Ballaststoffe des Kohls nicht so gut verträgt, gibt ein wenig ganze Kümmelsamen ins Kochwasser. Das macht ihn bekömmlicher.

10) KICHERERBSEN

Der Name der orientalischen Erbse leitet sich vom lateinischen Wort „cicer" ab, das Erbse bedeutet. Mit Kichern hat das Ganze also nichts zu tun. Kichererbsen sind nicht näher mit den Erbsen verwandt. Die hellbraunen ballaststoffreichen Samen enthalten viel Eiweiß (fast 20 % und damit mehr als so manches Fleisch) sowie reichlich Eisen und Kalzium. Besonders schnell geht das Kochen mit Kichererbsen aus der Dose, denn im Gegensatz zu Trockenerbsen müssen sie nicht eingeweicht werden.

WEITERE SLOW-CARB-LIEBLINGE

In der Slow-Carb-Küche und in den Rezepten dieses Buches werden Ihnen noch einige weitere Zutaten begegnen, die Ihnen vielleicht noch nicht so bekannt sind oder die Sie noch nicht probiert haben.

ERDMANDELN

Die nussig schmeckenden Knöllchen haben gleich drei Namen: Erdmandeln, Tigernuss und Chufas. Bei der Pflanze handelt es sich um ein Gras, von dem aber vor allem die Knollen verwendet werden. Sie sind sehr ballaststoffreich. Erdmandeln werden im Ganzen, zu Mehl gemahlen, als Drink und als Chips/Flocken angeboten. Geröstete und gemahlene Erdmandeln schmecken herrlich nach Karamell.

CHIASAMEN

Die kleinen dunklen Samen schmecken leicht nussig. Der hohe Ballaststoffgehalt sorgt dafür, dass sie innerhalb weniger Minuten das Neun- bis Zwölffache ihres Gewichts an Flüssigkeit aufnehmen können. Sie machen lange satt und helfen beim Abnehmen. Besonders gesundheitsfördernd sind die Quell- und Schleimstoffe: Sie versehen den Magen mit einem schützenden Film.

KAKAONIBS

Schält und zerkleinert man ganze Kakaobohnen, erhält man Kakaonibs. Sie enthalten also keinerlei Zusatzstoffe, wie es bei Schokolade häufig der Fall ist. Sie liefern viel Eiweiß, Magnesium, Kalium und Flavonole. Den Flavonolen (sie zählen zu den sekundären Pflanzenstoffen) attestiert man, dass sie Herz und Kreislauf schützen können. Zudem hebt Kakao die Laune, was an den „Glücksstoffen" liegt.

SOJABOHNE

Die Sojabohne ist die wichtigste Nutzpflanze der Neuzeit. Ursprünglich stammt sie aus China. Sie überzeugt mit einem hohen Eiweiß- und Mineralstoffgehalt. Aus Sojabohnen werden Produkte wie Tofu, Seidentofu, Räuchertofu und Sojamehl hergestellt. Sojamehl hat einen Topballaststoffgehalt von fast 20 %. Das erreichen nicht mal Getreidevollkornmehle.

ROHROHRZUCKER

Die Kuchen in diesem Buch sind relativ dezent gesüßt. Dank der anderen guten Zutaten schmecken sie aber trotzdem vollmundig und ausgewogen. Wenn Süße zum Einsatz kommt, dann zum Beispiel in Form von Rohrohrzucker. Er wird aus Zuckerrohrsaft hergestellt. Da er in der Färbung recht hell ist und mild schmeckt, ist er für vielfältige Rezepte prima geeignet. Auch Dattelsüße, Honig und Agavendicksaft (vegan!) sind geeignete Süßungsmittel.

WEINSTEINBACKPULVER

Es besteht wie herkömmliches Backpulver auch aus Natron und Stärke. Als Säureträger ist hier jedoch die natürliche Weinsteinsäure zugesetzt, die etwa bei der Herstellung von Sekt anfällt. Herkömmliches Backpulver wiederum enthält Phosphat, was in größeren Mengen Knochen und Zähnen schaden kann. Weinsteinsäure ist phosphatfrei. Sie können beide Produkte 1:1 ersetzen.

GHEE

In der indisch-ayurvedischen Küche ist Ghee eines der wichtigsten Speisefette. Für die Herstellung wird Butter geklärt, das bedeutet, dass Wasser, Milcheiweiß und Milchzucker entfernt werden. Ghee ist also mit Butterschmalz vergleichbar. Allerdings wird Ghee in der Regel nach einem bestimmten schonenden Siedeverfahren gewonnen. Ghee kann wunderbar hoch erhitzt werden und eignet sich perfekt zum Braten.

Jieper auf Süß

Die Vorliebe für Süßes ist uns evolutionsbiologisch in die Wiege gelegt. Süß signalisiert „ungefährlich" und „essbar". Denn schließlich sollte der Mensch in der Steinzeit tüchtig essen, um zu überleben und sich fortzupflanzen. An Essen kam der Steinzeitmensch bei Weitem nicht so leicht wie wir modernen Menschen heute. Und an raffinierten Zucker in Gummibärchen und Co. schon mal gar nicht.

Zucker aktiviert das Belohnungszentrum im Gehirn. Essen wir Süßes, will das Gehirn immer mehr davon. Mehr, mehr und noch mal mehr … Schon kleine Kinder haben lieber etwas Süßes im Mund als etwas Saures oder Bitteres. Isst man viel und regelmäßig Zucker, kann die Lust auf Süßes wie eine Sucht werden. Die gute Nachricht: Man kann sich den Jieper auf Zucker auch wieder abtrainieren.

Für den Anfang hilft es, einfach etwas weniger Zucker in Kaffee oder Tee zu tun. Oder mit Honig, Agavendicksaft oder Ahornsirup zu süßen. Sie haben einen intensiveren Eigengeschmack, sodass man automatisch weniger davon nimmt. Verwendet man stetig immer weniger Zucker, verändert sich der eigene Süßgeschmack. Wenn Sie nach der Zuckerreduktion irgendwann mal wieder ein Stück herkömmlichen Kuchen essen, kann es gut sein, dass Sie diesen als fast unangenehm süß empfinden. Und davon profitieren auch Ihre Gesundheit und Ihre Figur.

Frühstück

Amaranth-Porridge mit Marillenröster

Das Lieblingsfrühstück der Engländer in einer Variante aus Amaranth. Vielleicht bald Ihr Favorit?

Für den Porridge 100 g Amaranth | 300 ml Mandeldrink | 1/2 TL Zimt | 1 Msp. Kardamom
Für den Marillenröster 250 g frische Marillen/Aprikosen | 1 EL Butter | 1 EL Honig | 100 ml naturtrüber Apfelsaft | 1 Msp. Vanillepulver
Außerdem 25 g Walnusskerne

1 Für den Porridge Amaranth, Mandeldrink, Zimt und Kardamom in einem Topf verrühren, zum Kochen bringen und bei geringer Temperatur 25–30 Minuten unter Rühren leicht köcheln lassen. Anschließend nochmals etwa 10 Minuten quellen lassen. Falls der Porridge zu dick wird, noch etwas Mandeldrink dazugießen.

2 In der Zwischenzeit für den Marillenröster die Aprikosen waschen und halbieren. Früchte entsteinen und in Spalten schneiden. Butter erhitzen, Aprikosen zugeben und anschwitzen. Honig zugeben und bei mittlerer Temperatur hell karamellisieren lassen. Mit Apfelsaft ablöschen und aufkochen. Vanillepulver unterrühren. Nach Wunsch Röster mit einem Kartoffelstampfer grob zerdrücken. Röster vom Herd nehmen.

3 Porridge mit Marillenröster in Schälchen anrichten. Walnusskerne grob hacken und darüberstreuen.

Zitrusquark mit Erd-mandel-Pancakes

Die Erdmandeln machen die Pancakes unwidersteh-lich knusprig und leicht karamellig im Geschmack.

Für den Zitrusquark 300 g Magerquark | 1–2 TL Agavendicksaft | 1 unbehandelte Orange | 1 Pink Grapefruit | 1 Mandarine
Für die Pancakes 1 TL Butter plus etwas zum Braten | 1 Ei (Größe L) | 125 ml Buttermilch | 100 g geröstete, gemahlene Erdmandeln | 1 TL Weinsteinbackpulver
Außerdem 2 TL gehackte Pistazien | 2 TL Ahornsirup

1 Für den Zitrusquark Magerquark und Agavendicksaft glatt rühren. Orange waschen und etwas Schale fein abreiben. Orange, Grapefruit und Mandarine so schälen, dass die weiße Haut entfernt ist. Filets zwischen den Trennhäuten herausschneiden. Von der Orange etwas Saft aus den Trennhäuten drücken. Orangenschale und -saft mit dem Quark verrühren.

2 Für die Erdmandel-Pancakes 1 TL Butter in einer Pfanne schmelzen und etwas abkühlen lassen. Ei, Buttermilch und Butter verrühren. Erd-mandeln und Backpulver mischen und unter die Masse rühren. Teig kurz quellen lassen.

3 Pfanne wieder erhitzen und eventuell noch etwas Butter zufügen. Jeweils 1–2 EL Teig pro Pancake in die Pfanne geben. Bei mittlerer Temperatur von jeder Seite 2–3 Minuten goldbraun braten. Insgesamt sechs bis sieben Pancakes braten. Pancakes mit Zitrusquark, Frucht-filets, gehackten Pistazien und Ahornsirup anrichten.

Chia-Croissants
mit Schoko-Kokos-Creme

Die Chiasamen sorgen bei den Croissants für lustige
Punkte und füllen unser Vitalstoffkonto.

Für die Croissants 150 g Magerquark | 7 EL fettarme Milch (1,5 % Fett) |
6 EL Rapskernöl | 275–300 g Dinkelvollkornmehl plus etwas für die Arbeitsfläche | 1 Päckchen
Weinsteinbackpulver | 2–3 EL Chiasamen
Für die Schoko-Kokos-Creme 50 g Kokosmus | 25 g flüssiger Honig |
40 ml Kokosdrink | 1 TL rohes Kakaopulver

1 Den Backofen auf 200 °C Ober-/Unterhitze vorheizen. Für die Croissants
Quark, Milch und Öl verrühren. Mehl, Backpulver und Chiasamen mischen
und mit den Knethaken des Handrührgeräts unter die Quarkmasse kneten. Teig auf einer bemehlten Arbeitsfläche rechteckig (40 x 45 cm) ausrollen, in sechs gleich große Rechtecke schneiden, diagonal halbieren und
von der kurzen Seite zu zwölf Croissants aufrollen. Auf ein mit Backpapier
ausgelegtes Backblech legen und etwa 20 Minuten backen. Herausnehmen, abkühlen lassen und lauwarm oder kalt servieren.

2 Für die Schoko-Kokos-Creme Kokosmus in einem Topf oder in der Mikro-
welle erwärmen. Dann mit Honig, Kokosdrink und Kakao in einen hohen
Rührbecher geben und mit dem Pürierstab cremig pürieren. Zu den Croissants servieren.

TIPP Wer die Croissants süßer mag, gibt 1 EL Rohrohrzucker oder
Kokosblütenzucker in den Teig.

Frühstück zum Trinken

 2 Portionen 5 MIN 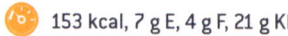 153 kcal, 7 g E, 4 g F, 21 g KH, 2 g BS

Mango-Tahin-Buttermilch

Fruchtfleisch von ½ Mango
  (ca. 100 g)
2 TL Tahin (Sesampaste)
250 g Buttermilch
150 ml Orangensaft
2 EL Weizen- oder Haferkleie

Mangofruchtfleisch grob in Würfel schneiden. Mit Tahin, Buttermilch, Orangensaft und Kleie in einen Mixer geben und fein pürieren.

 2 Portionen 5 MIN (ohne Kühlzeit) 155 kcal, 4 g E, 5 g F, 21 g KH, 2 g BS

KiBa-Smoothie

100 g Kirschen (frisch oder TK)
1 Banane
200 ml Mandeldrink
150 g Kefir
1–2 TL Mandelmus

Frische Kirschen 2–3 Stunden einfrieren. Tiefgefrorene Kirschen direkt verwenden. Banane schälen und grob in Stücke schneiden. Kirschen, Bananenstücke, Mandeldrink, Kefir und Mandelmus in einen Mixer geben und pürieren.

 2 Portionen 5 MIN 153 kcal, 3 g E, 5 g F, 21 g KH, 5 g BS

Spinat-Ananas-Gurken-Drink

100 g Spinat
¼ Gurke (ca. 100 g)
½ Ananas (ca. 250 g)
1–2 TL Leinöl
3 EL Joghurt Natur (3,5 % Fett)
2 EL geröstete und gemahlene
  Erdmandeln

Spinat und Gurke waschen und abtropfen lassen. Ananas schälen und grob in Würfel schneiden. Spinat, Gurke, Ananas, Leinöl, Joghurt, Erdmandeln und etwa 250 ml Wasser in einen Mixer geben und fein pürieren.

Wer morgens nicht so viel beißen mag, geht mit diesen leckeren Drinks bestens versorgt in den Tag.

Lieblings**müsli**
mit Blaubeerjoghurt

Wenn's morgens schnell gehen soll, ist es super-praktisch, dieses tolle Müsli auf Vorrat zu haben.

Für das Müsli 100 g Haselnusskerne | 200 g kernige Haferflocken | 100 g Sonnenblumenkerne | 100 g Kürbiskerne | 75 g Kokosraspel | 25 g Hanfsamen
Für den Blaubeerjoghurt 100 g Blaubeeren (Heidelbeeren) | 150 g Joghurt Natur (3,5 % Fett)

1 Für das Müsli Haselnusskerne in einer Pfanne ohne Fett rösten, bis sie zu duften beginnen. Sofort aus der Pfanne nehmen und auskühlen lassen. Dann nach Wunsch grob hacken.

2 Haselnüsse mit Haferflocken, Sonnenblumenkernen, Kürbiskernen, Kokosraspeln und Hanfsamen mischen.

3 Für den Blaubeerjoghurt die Hälfte der Blaubeeren mit etwas Wasser pürieren. Blaubeerpüree und ganze Früchte locker unter den Joghurt rühren. Mit einer Portion Lieblingsmüsli servieren.

TIPP 1   Sie können das Müsli nach Lust und Laune mit getrockneten Früchten und/oder Kakaonibs abwandeln oder verfeinern. Auch beim Anrichten können Sie nach persönlichem Gusto variieren. Das Müsli schmeckt mit Milch, Kefir, Dickmilch, Molke, Fruchtsaft und/oder Obst gleichermaßen gut.

TIPP 2 Restliches Müsli in ein Schraubglas oder eine Vorratsdose füllen. So hält es mindestens 2 Wochen.

Leinsamen-Omelett mit
Lachs-Tatar

Ein Delikatessfrühstück für sonntags oder jeden Tag, an dem Ihnen der Sinn nach Genuss steht.

Für das Leinsamen-Omelett 4 Eier (Größe M) | 2 TL brauner oder goldener Leinsamen | 2 TL geschroteter brauner oder goldener Leinsamen | 50 ml kohlensäurehaltiges Mineralwasser | Salz | frisch gemahlener weißer Pfeffer | etwas Kokosöl zum Braten
Für das Lachs-Tatar ¼ Gurke (ca. 100 g) | 2 Lauchzwiebeln | 2 Schalotten | 3 Stängel Dill | 2 EL Zitronensaft | 2 EL Rapskernöl | 100 g Räucherlachs | Salz | frisch gemahlener weißer Pfeffer

1 Für das Omelett Eier, Leinsamen, Mineralwasser, Salz und Pfeffer verquirlen. Öl in einer Pfanne erhitzen. Eiermasse dazugießen und abgedeckt bei mittlerer Temperatur etwa 5 Minuten stocken lassen.

2 Für das Lachs-Tatar Gurke und Lauchzwiebeln putzen und waschen. Gurke fein würfeln, Lauchzwiebeln in dünne Ringe schneiden. Schalotten abziehen und würfeln. Dill waschen, trocken schütteln, Fähnchen abzupfen und fein hacken. Gurke, Lauchzwiebel, Schalotte, Dill, Zitronensaft und Öl verrühren. Räucherlachs würfeln und unter das Tatar heben. Mit Salz und Pfeffer abschmecken. Leinsamen-Omelett und Lachs-Tatar anrichten.

TIPP Wer einen empfindlichen Magen hat oder es etwas weniger scharf mag, kann die Schalotten und Lauchzwiebeln in einer Pfanne in etwas Öl anschwitzen.

Aufstrichparade

Hier kommt die große Vielfalt fürs Frühstücksbrot oder -brötchen. Darf's herzhaft oder süß sein?

 6 Portionen   10 MIN  98 kcal, 1 g E, 5 g F, 12 g KH, 2 g BS

Dattel-Haselnuss-Aufstrich

100 g getrocknete Datteln
 ohne Stein
3 EL Haselnussmus
1 EL Kokosöl

1 Datteln klein schneiden und mit etwa 200 ml Wasser aufkochen. Etwa 5 Minuten köcheln lassen.

2 Haselnussmus und Kokosöl einrühren. Masse cremig pürieren und erkalten lassen.

 6 Portionen  10 MIN   26 kcal, 2 g E, 1 g F, 4 g KH, 2 g BS

Erdbeer-Himbeer-Konfitüre

200 g TK-Erdbeeren
100 g TK-Himbeeren
1 TL Zitronensaft
1 TL Agavendicksaft
1/2 TL Vanillepulver
1 EL geschrotete goldene
 Leinsamen

1 Beeren, Zitronensaft, Agavendicksaft, Vanillepulver und etwa 2 EL Wasser in einem Topf aufkochen. Bei mittlerer Temperatur etwa 2 Minuten köcheln lassen, bis die Beeren aufgetaut sind.

2 Mit einem Kartoffelstampfer zerstampfen und weitere 2–3 Minuten köcheln lassen. Leinsamen einrühren und ausquellen lassen. Abkühlen lassen.

„Zickige" Brunnenkresse-Creme

1 EL Pinienkerne
3 getrocknete Feigen
1 Bund frische Brunnenkresse
   (alternativ Gartenkresse)
125 g Ziegenfrischkäse
1–2 EL Milch (1,5 % Fett)
1 TL Honig
Salz
frisch gemahlener weißer Pfeffer

1 Pinienkerne in einer Pfanne ohne Fett rösten, bis sie zu duften beginnen. Herausnehmen und auskühlen lassen. Feigen in kleine Würfel schneiden.

2 Brunnenkresse waschen, trocken schütteln und Blättchen abzupfen. Mit Ziegenfrischkäse, Milch und Honig im Blitzhacker pürieren. Mit Salz und Pfeffer abschmecken. Pinienkerne grob hacken und mit den Feigen locker unterheben.

Eier-Häckerle

2 Eier
1/2 TL Kokosöl
25 g Schinkenwürfel
3 Cornichons
1 rote Zwiebel
3 Stängel frische Petersilie
75 g Joghurt Natur (3,5 % Fett)
50 g saure Sahne (10 % Fett)
1 TL mittelscharfer Senf
2 EL gepopptes Amaranth
Salz
frisch gemahlener schwarzer
   Pfeffer

1 Eier etwa 10 Minuten hart kochen, abschrecken, pellen und hacken. Öl in einer Pfanne erhitzen. Schinkenwürfel darin knusprig braten, herausnehmen und abtropfen lassen. Cornichons fein hacken. Zwiebel abziehen und fein würfeln. Petersilie waschen, trocken schütteln, Blättchen abzupfen und fein hacken.

2 Joghurt, saure Sahne und Senf verrühren. Eier, Schinken, Zwiebel, Cornichons, Petersilie und Amaranth unterrühren. Mit Salz und Pfeffer abschmecken.

Veganer Soft-Müsliriegel

Zwischendurch schnell den Akku wieder aufladen? Das geht kaum köstlicher als mit diesem Powerriegel.

125 g blanchierte Mandeln
125 g Haselnusskerne
125 g Soft-Aprikosen
50 g Soft-Cranberrys
200 g vegane Margarine
100 g Kokosmus
75 g Mandelmus
150 g cremige Kokosmilch
100 g Agavendicksaft
200 g blütenzarte Haferflocken
2 TL Chiasamenmehl
  (aus dem Bioladen)

1 Den Backofen auf 175 °C Ober-/Unterhitze vorheizen. Mandeln und Haselnüsse grob hacken und in einer Pfanne ohne Fett rösten, bis sie beginnen zu duften. Herausnehmen und abkühlen lassen. Aprikosen und Cranberrys fein hacken.

2 Margarine, Kokosmus, Mandelmus, Kokosmilch und Agavendicksaft in einem Topf erhitzen. Mandeln, Haselnüsse, getrocknete Früchte, Haferflocken und Chiasamenmehl einrühren. Masse in eine mit Backpapier ausgelegte quadratische Springform (24 x 24 cm) füllen, glatt streichen und gut andrücken. Im vorgeheizten Ofen 25–30 Minuten backen. Herausnehmen und abkühlen lassen. In Müsliriegel schneiden.

TIPP 1 Im Kühlschrank aufbewahrt halten die Riegel mindestens 1 Woche.

TIPP 2 Das Chiasamenmehl sorgt für Bindung und ersetzt ein Ei.

Vollkorn-Sauerteigbrot mit Walnüssen

Dieses köstliche Brot passt nicht nur zum Frühstück, sondern auch als Beilage zu Suppen oder Salaten.

300 g Roggenmehl (Type 1150) ǀ 200 g Dinkelvollkornmehl ǀ 200 g Emmervollkornmehl ǀ 1 Päckchen Trockenhefe (7 g) ǀ ½ Päckchen Sauerteigextrakt (Trockenprodukt; 15 g) ǀ 1–2 TL Rohrohrzucker ǀ 3 EL gehackte Walnusskerne ǀ Salz ǀ Brotgewürz (nach Belieben) ǀ evtl. Roggenschrot zum Bestreuen

1 Alle Mehlsorten, Hefe, Sauerteigextrakt, Rohrohrzucker, Walnusskerne, 1 TL Salz und nach Belieben Brotgewürz mischen. 450 ml lauwarmes Wasser zufügen und etwa 5 Minuten zu einem glatten, geschmeidigen Teig verkneten. Abgedeckt an einem warmen Ort 1–1 ½ Stunden gehen lassen.

2 Aus dem Teig einen runden Laib formen, eventuell mit Roggenschrot bestreuen. Ein Backblech mit Wasser besprenkeln. Backpapier darauflegen, Backpapier ebenfalls mit Wasser besprenkeln. Laib daraufsetzen. Etwa 20 Minuten an einem warmen Ort gehen lassen.

3 Den Backofen auf 250 °C Ober-/Unterhitze vorheizen. Brot mit einem scharfen Messer kreuzweise einritzen und etwa 15 Minuten backen. Dann die Temperatur auf 200 °C reduzieren und das Brot weitere 15–20 Minuten backen. Herausnehmen und abkühlen lassen.

TIPP Wundern Sie sich nicht, wenn der Teig während der Gehzeit nicht stark an Volumen zunimmt. Ein Vollkornmehlteig geht immer weniger und langsamer auf als ein Teig aus hellem Mehl.

Karottenbrötchen mit
Fenchelsamen

Saftig, locker, würzig – diese Brötchen haben das Zeug, ein echter Frühstücksfavorit zu werden.

300 g Weizenvollkornmehl plus etwas für die Arbeitsfläche | $\frac{1}{2}$ Würfel frische Hefe | 1 TL Honig | 1 mittelgroße Karotte (ca. 100 g) | 100 g Hüttenkäse | 1 EL Sonnenblumenkerne | 1 EL goldene Leinsamen | $\frac{1}{2}$ TL Fenchelsamen | Salz

1 Mehl in eine Schüssel sieben. In die Mitte eine Mulde drücken und die Hefe hineinbröseln. Honig und 3–4 EL lauwarmes Wasser sowie etwas Mehl vom Rand zufügen und zu einem Vorteig verrühren. Abgedeckt etwa 10 Minuten an einem warmen Ort ruhen lassen.

2 In der Zwischenzeit die Karotte schälen und fein raspeln. Hüttenkäse, Sonnenblumenkerne, Lein- und Fenchelsamen, etwa 1 TL Salz und etwa 100 ml lauwarmes Wasser zum Vorteig geben und alles zu einem glatten, geschmeidigen Teig verkneten. Karottenraspel unterrühren. Abgedeckt etwa 1 Stunde an einem warmen Ort ruhen lassen.

3 Teig auf einer bemehlten Arbeitsfläche durchkneten, in sechs Portionen teilen, mit angefeuchteten Händen zu Brötchen formen und auf ein mit Backpapier ausgelegtes Blech setzen. Abgedeckt etwa 30 Minuten ruhen lassen. Den Backofen auf 220 °C Ober-/Unterhitze vorheizen. Brötchen 20–25 Minuten backen.

TIPP Dazu schmecken Schnittlauchschmand und Tomaten.

 1 Portion   15 MIN   521 kcal, 8 g E, 40 g F, 31 g KH, 16 g BS

Violette Avocado-
Smoothie-Bowl

Hier kommt der Smoothie in die Schüssel.

1/2 Avocado (ca. 125 g)
100 g TK-Blaubeeren
   (Heidelbeeren)
125 ml Reisdrink
1/2 TL Agavendicksaft
1 Msp. Vanillepulver
1 EL Instant-Haferflocken
1 EL Maqui-Pulver (optional)
frische Blaubeeren, Kakaonibs,
   Mandelsplitter und geschälte
   Hanfsamen zum Bestreuen

1 Avocado aus der Schale lösen, das Fruchtfleisch grob würfeln. Avocadowürfel, gefrorene Beeren, Reisdrink, Agavendicksaft, Vanillepulver, Instant-Haferflocken und Maqui-Pulver in der Küchenmaschine zu einer cremigen Smoothie-Bowl verarbeiten.

2 In eine Schüssel füllen und mit frischen Blaubeeren, Kakaonibs, Mandelsplittern und Hanfsamen bestreuen.

TIPP Nach Wunsch auch etwas vom Lieblingsmüsli (siehe Seite 47) darüberstreuen.

 1 Portion   10 MIN + 12 STD   171 kcal, 6 g E, 3 g F, 28 g KH, 6 g BS

Kamutflocken-
Birchermüsli

Dieses Müsli macht sich quasi im Schlaf.

60 ml Apfelsaft
50 g Kamutflocken
1 EL Rosinen
1/2 kleiner rotbackiger Apfel
1/4 Zucchini (ca. 50 g)
100 g Sojajoghurt Natur
1 TL Birnendicksaft
gemischte frische Beeren
   zum Anrichten

1 Apfelsaft mit 65 ml Wasser mischen. Kamutflocken und Rosinen hineingeben, verrühren und über Nacht quellen lassen.

2 Apfel und Zucchini raspeln. Mit Sojajoghurt und Birnendicksaft verrühren. Diese Mischung unter den gequollenen Kamut rühren. Mit gemischten Beeren anrichten.

Pastinakenbutter und Rote-Bete-Bagels

Diese Bagels sind ganz rot geworden. Aber nicht vor Scham. Rote Bete macht sie aromatisch und saftig.

Für die Rote-Bete-Bagels

2 kleine frische Rote Bete (ca. 150 g)
150 g Dinkelmehl (Type 1050)
100 g Dinkelvollkornmehl
Salz
$1/2$ Würfel frische Hefe
1 TL Rohrohrzucker
50 ml Rote-Bete-Saft
2 EL Traubenkernöl
Chiasamen, grobes Meersalz, Sesamsaat oder Schwarz-kümmel zum Bestreuen

Für die Pastinaken-Butter

200 g Pastinaken
200 ml Gemüsebrühe
75 g weiche Butter
Salz
frisch gemahlener weißer Pfeffer

1 Rote Bete waschen und in kochendem Wasser 30–40 Minuten garen. Etwas abkühlen lassen und schälen.

2 Beide Mehlsorten und $1/2$ TL Salz in eine Schüssel geben. In die Mitte eine Mulde drücken und die Hefe hineinbröseln. Rohrohrzucker darüberstreuen. Rote-Bete-Saft lauwarm erwärmen und 2–3 EL davon über die Hefe gießen. Etwas Mehl vom Rand zufügen und zu einem Vorteig verrühren. Abgedeckt etwa 10 Minuten an einem warmen Ort ruhen lassen. Rote Bete, 1 EL Traubenkernöl und restlichen Rote-Bete-Saft mit dem Stabmixer glatt pürieren, zum Vorteig geben und alles zu einem glatten Teig verarbeiten. Abgedeckt etwa 1 Stunde an einem warmen Ort gehen lassen.

3 Teig durchkneten, in vier Portionen teilen und daraus Kugeln formen. In jede Kugel mittig ein Loch drücken und etwas ausdehnen. Bagels auf ein mit Backpapier belegtes Backblech legen und nochmals abgedeckt gehen lassen, bis sich ihr Volumen etwa verdoppelt hat. Mit restlichem Traubenkernöl bestreichen und mit Chiasamen, Meersalz, Sesam oder Schwarzkümmel bestreuen. Im auf 200 °C Ober-/Unterhitze vorgeheizten Backofen 15–20 Minuten backen.

4 Pastinaken schälen und würfeln. In der kochenden Gemüsebrühe 8–10 Minuten weich dünsten, abgießen, fein pürieren und mit der Butter verrühren. Mit Salz und Pfeffer würzen. Bagels mit Pastinakenbutter servieren.

TIPP Unbedingt frische Bete nehmen! Die vorgegarte färbt nicht so schön.

Snacks

Indisch inspirierter
Leinsamen-Wrap

Leinsamenmehl gibt dem Pfannkuchen ein nussiges Aroma und sorgt für eine Extraportion Ballaststoffe.

Für den Wrapteig 4 EL Leinsamenmehl (aus dem Bioladen) | ½ TL Weinsteinbackpulver | Salz | frisch gemahlener weißer Pfeffer | 2 Eier (Größe M) | 2 EL Rapskernöl | Kokosöl zum Braten
Für die Füllung 1 kleines Hähnchenbrustfilet (ca. 125 g) | Kokosöl zum Braten | Currypulver | Salz | frisch gemahlener schwarzer Pfeffer | 2 Scheiben natursüße Ananas (aus der Dose) | 2 Lauchzwiebeln | einige Blätter frischer Eisbergsalat | 100 g Frischkäse (17 % Fett) | 1–2 TL Tahin (Sesampaste)

1 Für den Wrapteig Leinsamenmehl, Backpulver, Salz und Pfeffer in einer Schüssel mischen. In einer weiteren Schüssel Eier, Öl und 2–3 EL Wasser glatt rühren. Trockene Zutaten unterrühren, bis ein glatter Teig entsteht.

2 Etwas Öl in einer Pfanne erhitzen. Eine Hälfte Teig gleichmäßig in der Pfanne verteilen. 2–3 Minuten braten, dann wenden und etwa 1 Minute fertig braten. Mit der zweiten Hälfte Teig ebenso verfahren.

3 Fleisch waschen, trocken tupfen und in Stücke schneiden. Etwas Öl in einer Pfanne erhitzen. Fleisch darin von allen Seiten goldbraun braten. Mit Curry bestauben und mit Salz und Pfeffer würzen. Ananas abtropfen lassen, Saft dabei auffangen und etwa 5 EL abmessen. Ananas fein hacken. Lauchzwiebeln putzen, waschen und in feine Ringe schneiden. Salat putzen, waschen, trocken schleudern und in mundgerechte Stücke zupfen. Frischkäse, Tahin und Ananassaft verrühren. Mit Salz und Pfeffer abschmecken.

4 Wraps mit der Frischkäsecreme bestreichen, Ananasstücke, Lauchzwiebeln, Hähnchenstücke und Salat darauf verteilen. Wraps aufrollen.

TIPP Ein sättigender Snack, der ein Mittagessen ersetzen kann.

Würziges Nordsee-
Sandwich

Eine schnell zubereitete Doppeldeckerstulle, die nicht nur an der Waterkant ihre Fans finden wird.

1 Ei (Größe L) | einige Blätter frischer Pflücksalat | 1/2 Bund Radieschen | 1 kleines Stück Gurke | 3 EL Joghurt Natur (3,5 % Fett) | 1/2 TL Tafelmeerrettich (aus der Tube) | Salz | frisch gemahlener weißer Pfeffer | 4 Scheiben Vollkornsandwichtoast | 100 g Nordseekrabbenfleisch

1 Ei in kochendem Wasser etwa 10 Minuten hart kochen. Abschrecken, abkühlen lassen, pellen und in Scheiben schneiden. Salat putzen, waschen, trocken schleudern und kleiner zupfen. Radieschen und Gurke putzen, waschen und in dünne Scheiben schneiden. Joghurt und Meerrettich glatt rühren und Sauce mit Salz und Pfeffer abschmecken.

2 Brot eventuell entrinden, Scheiben goldbraun rösten. Zwei Scheiben mit Joghurtsauce bestreichen und mit Krabben, Salat, Radieschen, Gurken und Eischeiben belegen. Dann mit den restlichen Brotscheiben bedecken. Sandwiches diagonal halbieren und auf Tellern anrichten.

Gefülltes Dinkel-
Monkey-Bread

Das Monkey Bread (zu deutsch Affenbrot) ist ein Zupfbrot – einfach Stücke abzupfen und genießen.

Für den Hefeteig
300 g Dinkelmehl (Type 1050)
200 g Dinkelvollkornmehl
Salz
1 Würfel frische Hefe
1 EL Agavendicksaft

Für die Tomatensauce
1 Zwiebel
1 Knoblauchzehe
1 EL Olivenöl
1 kleine Dose stückige Tomaten (230 g)
Salz
frisch gemahlener schwarzer Pfeffer

Für das Pesto
1–2 Töpfchen frisches Basilikum (ca. 40 g)
100 g Parmesan
ca. 10 EL Olivenöl

Außerdem
etwas Olivenöl zum Einfetten

1 Für den Teig in einer Schüssel beide Mehlsorten und 1 TL Salz mischen. Eine Mulde hineindrücken und die Hefe hineinbröseln. Agavendicksaft zufügen. 200–225 ml lauwarmes Wasser zugeben und alles zu einem glatten Teig verkneten. Etwa 1 Stunde gehen lassen.

2 Für die Tomatensauce Zwiebel und Knoblauchzehe abziehen und fein würfeln. Öl in einem Topf erhitzen. Zwiebel und Knoblauch darin anschwitzen. Tomaten zugeben. Mit Salz und Pfeffer würzen. Offen etwa 10 Minuten köcheln lassen. Vom Herd nehmen und abkühlen lassen.

3 Für das Pesto Basilikumblättchen abzupfen, waschen und trocken schütteln. Parmesan grob in Stücke brechen. Basilikumblättchen mit Öl und Parmesan im Blitzhacker zu Pesto verarbeiten. Pesto in eine große Schüssel füllen.

4 Den Backofen auf 200 °C Ober-/Unterhitze vorheizen. Den Hefeteig kurz durchkneten, in Portionen à etwa 30 g teilen und alle Portionen zu Bällchen rollen. Bällchen zum Pesto in die Schüssel geben und vorsichtig mit einer Hand mischen. Bällchen abwechselnd mit Tomatensauce in eine gut gefettete Gugelhupfform (Ø etwa 24 cm) füllen und im vorgeheizten Ofen 30–40 Minuten backen. Aus dem Ofen nehmen und etwa 15 Minuten abkühlen lassen. Brot vorsichtig aus der Form stürzen.

Miniquiches
à la française

Bon appétit mit diesen französisch inspirierten Quiches, die sowohl kalt als auch warm schmecken.

Für den Streuselteig 175 g Weizenvollkornmehl | Salz | 6–7 EL Rapskernöl | Fett für die Quiche-Förmchen
Für den Belag 2 reife Birnen | 2 rote Zwiebeln | 75 g Roquefort | 50 g Salami am Stück | 2 EL Walnusskerne
Für die Eiermilch 2 Eier (Größe M) | 125 ml fettarme Milch (1,5 % Fett) | Salz | frisch gemahlener weißer Pfeffer | frisch geriebene Muskatnuss

1 Den Backofen auf 200 °C Ober-/Unterhitze vorheizen. Für den Streusel-teig Mehl, Salz, Öl und etwa 2 EL Wasser mit den Händen krümelig verar-beiten. Zwei Drittel der Streusel auf acht ausgefettete Quiche-Förmchen mit Hebeboden (Ø etwa 9 cm) verteilen und flach andrücken. Dabei auch einen kleinen Rand formen. Restlichen Teig kalt stellen.

2 Für den Belag Birnen waschen, entkernen und in Spalten schneiden. Zwiebeln abziehen und ebenfalls in Spalten schneiden. Roquefort und Salami klein würfeln. Walnusskerne grob hacken. Alles auf dem Teig verteilen.

3 Für die Eiermilch Eier, Milch, Salz, Pfeffer und Muskat verquirlen. Eier-milch über den Belag gießen. Walnüsse und übrigen Teig als Streusel da-rüber verteilen. Im vorgeheizten Ofen 25–30 Minuten backen.

Saftiger Amaranth-
Linsen-Burger

Dank Dinkel-Bun und Veggie-Patty kann auch ein Burger zu einem richtig gesunden Snack werden.

Für die Buns

200 g Dinkelmehl (Type 1050)
150 g Dinkelvollkornmehl
1 Päckchen Trockenhefe
Salz
1 TL Agavendicksaft
1 EL Sesamsaat

Für die Creme

1 Knoblauchzehe
1 Avocado
1 EL Zitronensaft
150 g Sojajoghurt Natur
Salz | Pfeffer

Für die Patties

50 g Amaranth
150 ml Gemüsebrühe
50 g rote Linsen
1 Ei (Größe S)
2 EL Kichererbsenmehl
3 Stängel frische glatte Petersilie
Salz | Pfeffer
Kokosöl zum Braten

Außerdem

2 Fleischtomaten
1 rote Zwiebel
einige Blätter frischer Pflücksalat

1 Beide Mehle, Hefe und ½ TL Salz in einer Schüssel mischen. Etwa 200 ml lauwarmes Wasser und Agavendicksaft zufügen und alles zu einem glatten Teig verarbeiten. An einem warmen Ort etwa 45 Minuten gehen lassen.

2 Den Backofen auf 200 °C Ober-/Unterhitze vorheizen. Teig durchkneten und in etwa sechs Portionen teilen. Zu Kugeln formen, flacher drücken und auf ein mit Backpapier belegtes Blech setzen. Mit Wasser einstreichen und mit Sesam bestreuen. Etwa 15 Minuten backen.

3 Für die Creme die Knoblauchzehe abziehen und fein hacken. Avocado halbieren, Kern entfernen, Fruchtfleisch herauslösen und grob würfeln. Avocado, Knoblauch, Zitronensaft und Sojajoghurt pürieren, mit Salz und Pfeffer abschmecken.

4 Tomaten waschen und in Scheiben schneiden. Zwiebel abziehen und in feine Ringe schneiden. Salat waschen und abtropfen lassen. Amaranth mit Gemüsebrühe zum Kochen bringen, bei geringer Temperatur 25–30 Minuten unter Rühren köcheln, dann etwas nachquellen lassen. Linsen und etwa 300 ml Wasser abgedeckt aufkochen und bei geringer Temperatur etwa 15 Minuten garen, abgießen und abtropfen lassen. Linsen und Amaranth vermengen und abkühlen lassen. Ei und Kichererbsenmehl unterrühren. Petersilie waschen, Blättchen abzupfen und fein hacken. Zur Linsen-Amaranth-Masse geben. Salzen und pfeffern. In einer beschichteten Pfanne im heißen Öl von beiden Seiten wie Pancakes braten. Buns halbieren. Mit Patties, Avocadocreme, Salat, Tomaten und Zwiebel füllen.

Gemüsepommes
mit zwei Dips

Diese „Pommes rot-grün" begeistern jeden Fast-Food-Fan und sind viel bekömmlicher als das Original.

Für den Ketchup

1/2 reife Mango (ca. 100 g)
1 kleines Stück frischer Ingwer
1 Knoblauchzehe
1 TL Kokosöl
1/2–1 TL Currypulver
230 g stückige Tomaten
  (aus der Dose)
1 TL Agavendicksaft
Salz
frisch gemahlener schwarzer
  Pfeffer

Für den Dip

150 g TK-Erbsen
Salz
1 Zwiebel
1 unbehandelte Zitrone
1–2 EL Olivenöl
frisch gemahlener schwarzer
  Pfeffer

Für die Pommes

1 Steckrübe (ca. 400 g)
4 bunte Karotten (ca. 400 g)
Salz
edelsüßes Paprikapulver
2 EL Olivenöl

1 Für den Tomaten-Mango-Ketchup Mango schälen, Fruchtfleisch vom Stein schneiden und fein würfeln. Ingwer schälen, Knoblauchzehe abziehen und beides fein würfeln. Öl in einem weiten Topf erhitzen. Knoblauch und Ingwer darin glasig anschwitzen. Currypulver zugeben und kurz mit anrösten. Mango, Tomaten und Agavendicksaft zugeben und aufkochen. Offen bei geringer Temperatur unter gelegentlichem Rühren 20–30 Minuten einkochen lassen. Mit einem Kartoffelstampfer sämig zerstampfen. Mit Salz und Pfeffer abschmecken.

2 Für den Erbsen-Zitronen-Dip Erbsen in kochendem Salzwasser etwa 5 Minuten garen. Abgießen und kalt abschrecken. Zwiebel abziehen und fein würfeln. Zitronenschale fein abreiben. Dann Zitrone halbieren und auspressen. Erbsen, Zwiebel, Zitronenabrieb, Zitronensaft und Olivenöl mit einem Mixstab fein pürieren. Mit Salz und Pfeffer abschmecken.

3 Den Backofen auf 160 °C Umluft vorheizen. Steckrübe und Karotten putzen, schälen und in dicke Stifte schneiden. Getrennt auf zwei mit Backpapier ausgelegten Backblechen verteilen. Mit Salz und Paprika bestreuen. Mit Öl beträufeln, jeweils auf dem Backblech kurz vermengen und im vorgeheizten Ofen 30–35 Minuten backen. Gemüsepommes aus dem Ofen nehmen, mit den zwei Dips anrichten.

TIPP Die Gemüsepommes und die zwei Dips reichen für vier Personen als Snack. Als Hauptgericht reicht die Menge für zwei Portionen.

Einkorn-Pizzazungen mit Spiegelei

Spiegelei mal anders! Nicht aus der Pfanne, sondern auf einer Minipizza. Sieht toll aus und schmeckt super.

Für den Pizzateig 150 g Einkornvollkornmehl | 100 g Dinkelmehl (Type 1050) | Salz | ½ Würfel frische Hefe | 1 TL Honig | 3 EL Olivenöl
Für den Belag 100 g passierte Tomaten (aus dem Glas) | 1 EL Tomatenmark | Salz | frisch gemahlener schwarzer Pfeffer | 1 rote Paprikaschote (ca. 200 g) | ½ Rolle Ziegenweichkäse | 4 Eier (Größe S) | 1 Lauchzwiebel

1 Für den Pizzateig beide Mehlsorten und ½ TL Salz mischen. Hefe in etwa 125 ml lauwarmem Wasser mit Honig auflösen. Hefewasser und Olivenöl zum Mehl geben und mit den Händen, den Knethaken des Handrührgeräts oder der Küchenmaschine zu einem glatten Teig verarbeiten. An einem warmen Ort etwa 45 Minuten gehen lassen.

2 Teig nochmals gut durchkneten und in vier Portionen teilen. Jedes Viertel zu einer Pizzazunge ausrollen. Auf ein mit Backpapier belegtes Backblech legen und nochmals 15 Minuten gehen lassen. Den Backofen auf 200 °C Ober-/Unterhitze vorheizen.

3 Für den Belag passierte Tomaten mit Tomatenmark, Salz und Pfeffer verquirlen. Tomatensauce gleichmäßig auf den Pizzazungen verteilen und im vorgeheizten Ofen etwa 10 Minuten vorbacken. Paprikaschote putzen, entkernen, waschen und in schmale Scheiben schneiden. Ziegenkäse in Scheiben schneiden. Pizzazungen mit Paprikascheiben und Ziegenkäse belegen. Eier aufschlagen und je ein Ei auf jede Pizzazunge gleiten lassen. Pizzen bei gleicher Temperatur etwa 12 Minuten fertig backen. Lauchzwiebel putzen, waschen und in dünne Ringe schneiden. Pizzazungen aus dem Ofen nehmen und mit Lauchzwiebelringen bestreut servieren.

Beeriger
Quinoasalat

Ein farbenfroher Salat, der nicht nur das Auge, sondern mit feinen Aromen auch den Gaumen verwöhnt.

100 g weiße Quinoa
gut 200 ml Gemüsebrühe
2 EL Himbeeressig
Salz
frisch gemahlener weißer Pfeffer
2 EL Olivenöl
250 g grüner Spargel
2 Lauchzwiebeln
1 rosa Rote Bete (ca. 100 g)
75 g frische Erdbeeren
75 g frische Himbeeren
1/2 Bund frische glatte Petersilie
1 EL geschälte Pistazien

1 Quinoa abspülen und abtropfen lassen. Gemüsebrühe aufkochen. Quinoa einrühren und bei geringer Temperatur 20–25 Minuten köcheln lassen, bis die Brühe aufgesogen ist. Ab und zu umrühren. Vom Herd nehmen und abkühlen lassen.

2 Himbeeressig, Salz und Pfeffer verrühren. 1 EL Öl unterschlagen. Vinaigrette und Quinoa mischen und durchziehen lassen.

3 Spargel waschen und holzige Enden abschneiden. Stangen längs und quer halbieren. Lauchzwiebeln putzen, waschen und in feine Ringe schneiden. 1 EL Öl in der Pfanne erhitzen, Spargel darin rundherum etwa 4 Minuten braten, Lauchzwiebeln kurz mitbraten. Mit Salz und Pfeffer würzen.

4 Rosa Rote Bete putzen, schälen, halbieren und mit dem Sparschäler quer in dünne Streifen schneiden. Beeren verlesen, putzen und eventuell abspülen. Petersilie waschen, trocken schütteln und fein hacken. Pistazien grob hacken. Quinoa mit Spargel-Lauchzwiebel-Mischung, Rote-Bete-Streifen, Beeren, Petersilie und Pistazien anrichten.

Mittagessen
to go

Würziger Gyros-
Schichtsalat

Ein Schichtsalat eignet sich super zum Mitnehmen – einfach alles dicht in ein Weckglas schichten.

Für Fleisch und Salat 300 g Schweineschnitzel | 2 TL Gyrosgewürz | 2 EL Rapskernöl | 100 g TK-Erbsen | Salz | ½ frischer Eisbergsalat | 2 Tomaten | ¼ Salatgurke (ca. 100 g) | 2 rote Zwiebeln | 150 g Cantaloup-Melone | 4 Peperoni (aus dem Glas) | 1 Handvoll frische Rote-Bete-Sprossen
Für das Dressing 3 Stängel Minze | 200 g Joghurt Natur (3,5 % Fett) | 3 EL Milch (1,5 % Fett) | 50 g Feta | Salz | frisch gemahlener weißer Pfeffer

1 Fleisch waschen und in Streifen schneiden. Mit Gyrosgewürz und Öl in einer Schüssel gut mischen. Mischung in einer großen Pfanne unter Wenden etwa 6 Minuten kräftig braten. Vom Herd nehmen und abkühlen lassen.

2 Erbsen in kochendem Salzwasser etwa 4 Minuten garen. Abgießen und abtropfen lassen. Salat putzen, waschen, in Stücke schneiden und abtropfen lassen. Tomaten und Gurke waschen, halbieren, entkernen und klein würfeln. Zwiebeln abziehen und klein würfeln. Melone schälen und ebenfalls klein würfeln.

3 Für das Dressing Minze waschen, Blättchen abzupfen und fein hacken. Mit Joghurt und Milch verrühren. Feta mit den Fingerspitzen zerbröseln und zum Dressing geben. Mit Salz und Pfeffer abschmecken. Alle Zutaten im Wechsel dicht an dicht in Gläser schichten. Peperoni und Sprossen auf den Schichtsalat setzen.

TIPP Der Salat reicht für zwei Personen als Hauptgericht.

Dinkelröllchen
auf Salat

Tolle Variante: einen großen Pfannkuchen im Ofen backen, dann lecker füllen und aufrollen.

Für den Teig
5 Eier (Größe M)
100 ml Milch (1,5 % Fett)
100 ml kohlensäurehaltiges
  Mineralwasser
100 g Dinkelmehl (Type 1050)
Salz | Pfeffer
frisch geriebene Muskatnuss
etwas Rapskernöl
75 g Gouda, fein gerieben

Für die Füllung
100 g Frischkäse (17 % Fett)
100 g saure Sahne (10 % Fett)
2 Tomaten
¼ Gurke (ca. 150 g)
1 kleine Dose Thunfisch
  (im eigenen Saft; 80 g)
3 Stängel frische Petersilie
3 Stängel frischer Dill
Salz | Pfeffer

Für den Salat
½ frischer Friséesalat
½ frischer Eichblattsalat
3–4 EL Weißweinessig
1 TL mittelscharfer Senf
Salz | Pfeffer
2 EL natives Olivenöl extra

1 Den Backofen auf 200 °C Ober-/Unterhitze vorheizen. Ein Backblech mit Backpapier auslegen und hineinschieben. Für den Pfannkuchenteig Eier, Milch, Mineralwasser, Mehl, Salz, Pfeffer und Muskat glatt verquirlen. Backpapier mit Öl bestreichen. Teig daraufgießen. Gouda darüberstreuen. Bei gleicher Temperatur 15–20 Minuten backen. Herausnehmen und abkühlen lassen.

2 Für die Füllung Frischkäse und Sahne verquirlen. Tomaten und Gurke waschen, Tomaten vierteln und Kerne entfernen. Tomatenfruchtfleisch und Gurke fein würfeln. Thunfisch abgießen und in kleine Stücke zupfen. Petersilie und Dill waschen, Blättchen abzupfen und fein hacken. Gemüse, Thunfisch und Kräuter unter die Käsecreme rühren. Mit Salz und Pfeffer abschmecken. Käsecreme auf den Pfannkuchen streichen und von der breiten Seite vorsichtig aufrollen. In Frischhaltefolie wickeln und kalt stellen.

3 Für den Salat beide Salatsorten putzen, waschen und in mundgerechte Stücke zupfen. Essig, Senf, Salz und Pfeffer verquirlen, Öl unterschlagen. Salat auf Tellern anrichten, Vinaigrette darüberträufeln. Pfannkuchenrolle aus der Folie nehmen und schräg in Scheiben schneiden. Mit dem Salat anrichten.

Belugalinsen-
Salat mit Lamm

Belugalinsen sehen aus wie Kaviar (daher der Name) und enthalten viel Protein und Ballaststoffe.

Für den Salat 125 g Belugalinsen | ½ Bund frische Petersilie | ½ Bund frische Minze | 1 Granatapfel | 25 g blanchierte Mandeln | 75 g getrocknete Datteln (z. B. Medjool)
Für die Vinaigrette 1 Knoblauchzehe | 4 EL Zitronensaft | Salz | frisch gemahlener schwarzer Pfeffer | 3 EL natives Olivenöl extra
Für die Lammfilets 2 Lammfilets (à ca. 125 g) | 1 TL Kokosöl | Salz | frisch gemahlener schwarzer Pfeffer

1 Für den Salat Linsen nach Packungsanweisung mit etwa 450 ml Wasser ohne Salz etwa 30 Minuten kochen. Abgießen und abkühlen lassen. Petersilie und Minze waschen, trocken schütteln, Blättchen abzupfen und fein hacken. Granatapfel auf der Arbeitsfläche etwas rollen, damit sich die Kerne lösen. Dann halbieren, die Kerne herauslösen oder herausklopfen. Mandeln grob hacken, in einer Pfanne ohne Fett rösten, herausnehmen und auskühlen lassen. Datteln entsteinen und fein hacken.

2 Für die Vinaigrette Knoblauchzehe abziehen und fein hacken. Zitronensaft, Salz und Pfeffer verquirlen und Öl unterschlagenn, Knoblauch unterheben. Vinaigrette mit Linsen, Kräutern, Granatapfelkernen, Mandeln und Datteln mischen. Mindestens 30 Minuten ziehen lassen.

3 Von den Lammfilets die dünnen Häutchen entfernen. Öl in einer großen Pfanne erhitzen. Lammfilets darin unter Wenden etwa 3 Minuten braten und rundum mit Salz und Pfeffer würzen. Herausnehmen, mit Alufolie bedecken und etwa 5 Minuten ruhen lassen. In Scheiben schneiden und auf dem Salat anrichten.

2 Portionen 30 MIN 293 kcal, 12 g E, 9 g F, 40 g KH, 10 g BS

Summer-Roll-Bowl

Eine leichte Variante der Sommerrollen – mit dem Gemüse in einer Schüssel statt im Teig.

Für den Salat

75 g japanische Buchweizennu-
deln (Soba; aus dem Asialaden)
1 kleiner Rettich (ca. 200 g)
2 Karotten
1/2 Gurke
2 Römersalatherzen
4 Stängel frischer Koriander
4 Stängel frisches Thai-Basilikum
1 EL geröstete und gesalzene
Erdnüsse
1 TL Schwarzkümmel

Für das Dressing

1 Stück frischer Ingwer
1 Knoblauchzehe
3 EL Erdnussbutter
1 EL Tamari (glutenfreie Sojasauce)
1 TL Ahornsirup
Chiliflocken
Salz
frisch gemahlener schwarzer
Pfeffer

1 Für den Salat Nudeln in kochend heißem Wasser etwa 5 Minuten ziehen lassen. Dann abgießen, kalt abbrausen und abtropfen lassen. Rettich und Karotten schälen und waschen. Gurke waschen. Gemüse mit einem Spiralschneider zu Gemüsenudeln verarbeiten. Salat in Blätter teilen, putzen, waschen und abtropfen lassen. Kräuter waschen, Blättchen abzupfen und grob hacken. Erdnüsse ebenfalls grob hacken.

2 Für das Dressing Ingwer schälen und Knoblauchzehe abziehen. Beides fein hacken. Erdnussbutter, Tamari, Ahornsirup und 3–4 EL Wasser mit dem Mixstab fein pürieren. Mit Ingwer, Knoblauch, Chiliflocken, Salz und Pfeffer abschmecken. Salatblätter in zwei Schüsseln anrichten. Gemüsenudeln und Dressing darauf verteilen. Mit Erdnüssen und Schwarzkümmel bestreuen.

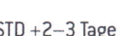
Gurken-Kimchi mit
Rote-Bete-Nuggets

Aus Roter Bete lassen sich sogar Nuggets machen. Außen knusprig, innen saftig – so muss es sein.

Für das Gurken-Kimchi

1 kleine Gurke (ca. 300 g)
1 TL Meersalz
1 TL Rohrohrzucker
1 EL Fischsauce

Für die Rote-Bete-Nuggets

4 frische Rote Bete (ca. 500 g)
125 ml Rote-Bete-Saft
  (alternativ Wasser)
2 EL Zitronensaft
250 g blütenzarte Haferflocken
2 EL Kichererbsenmehl
1 gehäufter TL Weinstein-
  backpulver
granulierter Knoblauch
frisch geriebene Muskatnuss
Salz
frisch gemahlener schwarzer
  Pfeffer

Für den Fetaquark

250 g Magerquark
2–3 EL Milch (1,5 % Fett)
1 EL Zitronensaft
100 g Feta
Salz
frisch gemahlener weißer Pfeffer

1 Für das Kimchi Gurke waschen und in dünne Scheiben hobeln. In einer Schüssel mit Salz und Zucker mischen und etwa 30 Minuten ziehen lassen. Durch ein Sieb abgießen, dabei die entstandene Lake auffangen. Fischsauce zur Lake geben. Gurken so fest in ein Glas drücken, dass keine Hohlräume mehr vorhanden sind. Lake dazugeben. Einen Teller und eventuell ein Gewicht zum Beschweren auflegen. Bei Zimmertemperatur 2–3 Tage fermentieren lassen.

2 Den Backofen auf 175 °C Ober-/Unterhitze vorheizen. Für die Nuggets Rote Bete schälen und fein raspeln. Rote-Bete- und Zitronensaft damit mischen. Haferflocken, Kichererbsenmehl und Backpulver mischen und unter die Rote-Bete-Raspel rühren. Mit Knoblauch, Muskat, Salz und Pfeffer würzen. Aus der Rote-Bete-Masse etwa 15 kleine Nuggets formen, auf ein mit Backpapier ausgelegtes Backblech legen und im vorgeheizten Ofen etwa 30 Minuten backen.

3 In der Zwischenzeit für den Fetaquark Quark, Milch und Zitronensaft glatt rühren. Feta zerbröseln und unter den Quark rühren. Mit Salz und Pfeffer würzen. Rote-Bete-Nuggets mit Gurken-Kimchi und Fetaquark anrichten.

Strombolis

Weder Pizza noch Calzone – Strombolis sind Päckchen
aus knusprigem Hefeteig mit saftiger Füllung.

Für den Hefeteig 200 g Weizenmehl (Type 550) | 100 g Weizenvollkornmehl |
Salz | 6 g frische Hefe | 1 ½ EL Olivenöl plus etwas zum Einfetten
Für die Füllung 1 Stange Lauch | 50 g Speck- oder Schinkenwürfel | evtl. 1 TL Kokosöl |
Salz | frisch gemahlener schwarzer Pfeffer | 4 TL Pesto (siehe Seite 68) | 80 g Gouda, fein gerieben
Außerdem 1 Eiweiß zum Bestreichen | getrockneter Thymian

1 Beide Mehle mit 1 TL Salz in einer Schüssel mischen. Hefe in etwa 150 ml
lauwarmem Wasser auflösen und etwa 10 Minuten stehen lassen. Hefewasser und Olivenöl dazugeben und alles zu einem glatten, geschmeidigen
Teig kneten. Eine weitere Schüssel mit etwas Olivenöl einpinseln und den
Hefeteig hineinlegen. Abdecken und im Kühlschrank 2 Tage gehen lassen.

2 Teig aus der Schüssel nehmen, nochmals gut durchkneten und in vier
Portionen teilen. Zimmertemperatur annehmen lassen. Den Backofen auf
200 °C Ober-/Unterhitze vorheizen.

3 Lauch putzen, waschen und in dünne Scheiben schneiden. Speckwürfel in einer heißen Pfanne knusprig anbraten, dabei eventuell etwas Öl
zugeben. Lauch zufügen und etwa 5 Minuten braten. Salzen und pfeffern.
Jede Teigportion zu einem Rechteck (20 x 12 cm) ausrollen. Mittig mit je
1 TL Pesto bestreichen und die Lauch-Speck-Masse daraufgeben. Käse
darüberstreuen. Den Teig links und rechts neben der Füllung fischgräten-
artig schräg einschneiden. Teig unten und oben über die Füllung klappen.
Dann die einzelnen Stränge abwechselnd von links und rechts über die
Füllung klappen; dabei mit Eiweiß gut zusammenkleben. Strombolis mit
Eiweiß bestreichen, mit Thymian bestreuen und 25–30 Minuten backen.

TIPP Das lange Gehen im Kühlschrank macht den Hefeteig besonders
feinporig und aromatisch.

Carbonara-Spaghetti mit Hackbällchen

Der Klassiker Spaghetti carbonara mal als Salat. Unter die Nudeln mischen sich Zucchinispaghetti.

Für die Spaghetti 1 Ei (Größe M) | 25 g Speck- oder Schinkenwürfel | 1 große Zucchini (ca. 250 g) | 125 g Dinkelspaghetti | Salz | 25 g Parmesan, fein gerieben
Für das Dressing 1 Knoblauchzehe | 70 g saure Sahne | 50 g Salatcreme mit Joghurt | Salz | frisch gemahlener weißer Pfeffer
Für die Hackbällchen 1 kleine Zwiebel | 200 g Rinderhackfleisch | 2 EL Dinkelvollkornbrösel (Dinkelpaniermehl) | 1 Ei (Größe S) | 1 TL mittelscharfer Senf | Salz | frisch gemahlener schwarzer Pfeffer | 1 TL Kokosöl

1 Für die Spaghetti das Ei etwa 10 Minuten hart kochen, abschrecken und auskühlen lassen. Speckwürfel in einer Pfanne ohne Fett knusprig braten. Herausnehmen und auskühlen lassen. Zucchini waschen und mit einem Spiralschneider zu Zucchinispaghetti schneiden. Dinkelspaghetti in reichlich kochendem Salzwasser bissfest garen. 2 Minuten vor Ende der Garzeit Zucchinispaghetti zugeben und mitgaren. Abgießen und abkühlen lassen.

2 Für das Dressing Knoblauchzehe abziehen und fein hacken. Saure Sahne, Salatcreme und Knoblauch verrühren. Mit Salz und Pfeffer würzen. Ei pellen und hacken. Unter das Dressing heben. Spaghetti und Zucchini unter das Dressing heben. Mit Parmesan und Speckwürfeln bestreuen.

3 Für die Hackbällchen Zwiebel abziehen und fein würfeln. Hackfleisch, Brösel, Ei, Senf, Salz und Pfeffer verkneten und zu acht bis zehn Bällchen formen. Öl in einer Pfanne erhitzen und die Hackbällchen darin etwa 10 Minuten unter Wenden braten. Hackbällchen auf den Spaghetti anrichten.

Topinambur-
Karotten-Suppe

Das Wurzelgemüse Topinambur enthält viel Inulin,
einen löslichen Ballaststoff, der lange satt macht.

Für die Suppe 3 Karotten (ca. 300 g) | 4 Knollen Topinambur (ca. 250 g) |
1 Zwiebel | ½ Chilischote | 1 TL Kokosöl | 450 ml Gemüsebrühe | 150 ml Kokosmilch |
Salz | frisch gemahlener weißer Pfeffer
Für die Croûtons 1 Scheibe Vollkornbrot | 2 EL Walnusskerne | 2 Zweige Thymian |
1 EL Olivenöl

1 Für die Suppe Karotten und Topinambur schälen, waschen und grob
würfeln. Zwiebel abziehen und würfeln. Chilischote längs einschneiden,
entkernen, waschen und in feine Ringe schneiden. Öl in einem Topf
erhitzen. Karotten, Topinambur, Zwiebel und Chili darin anschwitzen.
Mit Gemüsebrühe und Kokosmilch ablöschen. Abgedeckt bei mittlerer
Temperatur etwa 15 Minuten köcheln lassen. Suppe mit dem Stabmixer
fein pürieren. Mit Salz und Pfeffer abschmecken.

2 Für die Croûtons Brot in etwa 1 cm große Würfel schneiden. Walnusskerne grob hacken. Thymian waschen und Blättchen abzupfen. Öl in
einer Pfanne erhitzen. Brotwürfel, Walnüsse und Thymian in der Pfanne
anrösten. Suppe mit Croûtons anrichten.

Gelbes Kartoffel-
Gemüse-Curry

Einmal Asien und zurück! Dieses cremige Curry schmeckt herrlich exotisch und ist sehr bekömmlich.

1 kleiner Blumenkohl (ca. 400 g) | 2 mittelgroße vorwiegend festkochende Kartoffeln (ca. 300 g) | 2 Karotten (ca. 200 g) | 250 g grüner Spargel | 125 g Tofu Natur | 750 ml Gemüsebrühe | 1–2 TL Erdnussöl | 1–2 TL vegane gelbe Currypaste | 200 ml Kokosmilch | 1–2 TL Zitronensaft | Salz | frisch gemahlener schwarzer Pfeffer | 1 Handvoll frische Radieschensprossen | 2 EL geröstete und gesalzene Cashewkerne | frische Korianderblättchen zum Garnieren

1 Blumenkohl putzen, waschen und in kleine Röschen teilen. Kartoffeln schälen, waschen und in mundgerechte Würfel schneiden. Karotten schälen, waschen und schräg in Scheiben schneiden. Spargel waschen, holzige Enden abschneiden und ebenfalls schräg in Scheiben schneiden. Tofu waschen, trocken tupfen und in Würfel schneiden.

2 Gemüsebrühe aufkochen. Blumenkohl und Kartoffeln darin abgedeckt etwa 10 Minuten, Karotten etwa 5 Minuten garen. Abgießen, Brühe dabei auffangen und etwa 250 ml abmessen. Öl in einem Wok erhitzen. Spargelscheiben und Tofu darin etwa 3 Minuten anbraten, gelbe Currypaste mit anschwitzen. Dann Blumenkohl, Kartoffeln und Karotten zugeben. Kokosmilch und abgemessene Brühe in den Wok geben, kurz aufkochen lassen und mit Zitronensaft, Salz und Pfeffer abschmecken.

3 Sprossen abspülen und abtropfen lassen. Cashewkerne grob hacken. Curry mit Sprossen, Cashewkernen und Korianderblättchen anrichten.

Kalte Sommersuppe mit
Dinkelfladen

Joghurtsuppe ist herrlich erfrischend. Für Extra-Slow-Carbs sorgen die knusprig gebratenen Fladen.

Für die Joghurtsuppe 250 g Joghurt Natur (3,5 % Fett) | 250 g Buttermilch | 2 EL Zitronensaft | Salz | 4 Eier (Größe M) | ½ Bund Radieschen | 3 Stängel frischer Dill
Für die Dinkelfladen 120 g Dinkelmehl (Type 1050) plus etwas für die Arbeitsfläche | Salz | 2 EL Rapskernöl

1 Für die Suppe Joghurt, Buttermilch, Zitronensaft und eine Prise Salz pürieren. Abschmecken und mindestens 1 Stunde kalt stellen.

2 Eier etwa 10 Minuten hart kochen, abschrecken und abkühlen lassen. Radieschen putzen, waschen und in feine Stifte schneiden. Dill waschen, trocken schütteln, Blättchen abzupfen und hacken. Suppe nochmals abschmecken und mit einem Stabmixer schaumig aufmixen. Eier pellen und halbieren. Suppe mit Eihälften, Radieschen und Dill anrichten.

3 Für die Dinkelfladen Dinkelmehl, ¼ TL Salz, 1 EL Rapskernöl und 5 EL Wasser zu einem glatten Teig verkneten. Teig zu einer Kugel formen, in Folie wickeln und etwa 30 Minuten kalt stellen. Teig in vier gleich große Portionen teilen, zu Kugeln formen und jeweils auf der bemehlten Arbeitsfläche dünn ausrollen. Mit etwas Rapskernöl bestreichen, in der Mitte falten, dann noch einmal falten, sodass ein Dreieck entsteht. Dieses Dreieck erneut dünn ausrollen. Restliches Rapskernöl in einer Pfanne erhitzen und die Fladen nacheinander von beiden Seiten 1–2 Minuten backen. Fladen zur Suppe servieren.

Kohlröschen auf Rote-Linsen-Dal

Dal ist ein Klassiker der indisch-ayurvedischen Küche, meist aus Hülsenfrüchten. Echtes Soulfood!

Für den Dal 1 Stück frischer Ingwer | 1 Knoblauchzehe | 1 TL Ghee (geklärte Butter; aus dem Bioladen) | ½ TL Garam Masala (indische Gewürzmischung) | ½ TL gemahlener Kreuzkümmel | 1 TL gemahlene Kurkuma | 250 g rote Linsen | 200 ml Kokosmilch | 400 g passierte Tomaten (aus dem Glas) | 1 EL Limettensaft | Salz | frisch gemahlener schwarzer Pfeffer
Für die gebratenen Kohlröschen ½ Blumenkohl (ca. 300 g) | ½ großer Brokkoli (ca. 300 g) | 1 TL Ghee (geklärte Butter; aus dem Bioladen) | Salz | frisch gemahlener schwarzer Pfeffer | 1 Prise Kokosblütenzucker
Außerdem 3 EL Joghurt Natur (3,5 % Fett) oder griechischer Joghurt | 3 EL frisch gehackte Petersilie | etwas Schwarzkümmel zum Bestreuen

1 Für den Dal Ingwer schälen, Knoblauchzehe abziehen und beides fein hacken. Ghee in einer Pfanne erhitzen. Ingwer, Knoblauch, Garam Masala, Kreuzkümmel und Kurkuma darin anschwitzen. Linsen zu den Gewürzen geben und ebenfalls anschwitzen. Mit Kokosmilch und passierten Tomaten ablöschen und aufkochen lassen. Bei milder Temperatur 15–20 Minuten köcheln lassen. Dabei etwa 150 ml Wasser zufügen. Mit Limettensaft, Salz und Pfeffer würzen.

2 Für die gebratenen Kohlröschen Blumenkohl und Brokkoli waschen, putzen, halbieren und mit einem großen Messer in etwa 1 cm dicke Scheiben oder in Röschen schneiden. Ghee in einer großen beschichteten Pfanne erhitzen. Blumenkohl und Brokkoli hineingeben und bei mittlerer Temperatur 8–10 Minuten braten, dabei gelegentlich wenden. Mit Salz, Pfeffer und Kokosblütenzucker würzen. Joghurt mit Petersilie mischen und das Dal mit gebratenen Kohlröschen, Joghurt und Schwarzkümmel anrichten.

Abendessen

Salat mit Pumpernickel-Fischwürfeln

Die Slow Carbs stecken in der knusprigen Panade aus Pumpernickel. Die Panade passt auch zu Hähnchen.

Für die Fischnuggets 2 Fischfilets (z. B. Kabeljau oder Seelachs; à ca. 150 g) |
1 Ei (Größe M) | 2 EL Emmervollkornmehl | 3 Scheiben Pumpernickel (à ca. 42 g) |
1 EL Sesamsaat | 2–3 EL Kokosöl
Für den Salat 1 Chicorée | 1 Kopf Radicchio | einige Blätter frischer Pflücksalat |
1 Handvoll frische Himbeeren | 3 EL Himbeeressig | Salz | frisch gemahlener weißer Pfeffer |
2 EL Olivenöl

1 Für die Fischnuggets Fisch waschen, trocken tupfen und in große Würfel schneiden. Ei in einem tiefen Teller verquirlen. Mehl auf einem flachen Teller verteilen. Pumpernickel grob zerbröseln und im Blitzhacker feiner mahlen. Brösel mit Sesam mischen und auf einen flachen Teller geben. Fisch erst im Mehl wenden, dann durch das Ei ziehen und zuletzt mit der Pumpernickel-Sesam-Mischung panieren.

2 Kokosöl in einer Pfanne erhitzen. Die Fischwürfel darin bei mittlerer Temperatur von beiden Seiten knusprig braten.

3 Für den Salat Chicorée, Radicchio und Pflücksalat putzen, waschen, abtropfen lassen und eventuell kleiner zupfen. Himbeeren verlesen und waschen. Für die Vinaigrette Himbeeressig, Salz und Pfeffer verrühren. Olivenöl unterschlagen. Salat, Himbeeren und Vinaigrette mischen. Pumpernickel-Fischnuggets darauf anrichten.

Linsen-Bolognese auf
Vollkornnudeln

Alle lieben Bolognesesauce! Diese ist aber vegetarisch zubereitet – Slow-Carb-konform mit Linsen.

1 große Karotte (ca. 150 g) ǀ 3 Stangen Staudensellerie ǀ 1 Zwiebel ǀ 1 Knoblauchzehe ǀ 100 g rote Linsen ǀ 1 TL Kokosöl ǀ 150 g passierte Tomaten (aus dem Glas) ǀ 140 g Vollkornpenne ǀ Salz ǀ 1 Zweig frischer Thymian ǀ $\frac{1}{2}$ TL Gemüsebrühe ǀ frisch gemahlener schwarzer Pfeffer ǀ 1 Msp. Zimt ǀ 2 EL geriebener Parmesan

1 Karotte schälen und waschen. Sellerie waschen und putzen. Zwiebel abziehen. Alles in feine Würfel schneiden. Knoblauchzehe abziehen und durchpressen.

2 Linsen in einem Sieb abbrausen und abtropfen lassen. Öl in einer Pfanne erhitzen. Gemüse darin unter Wenden etwa 5 Minuten anschwitzen, nach 3 Minuten Linsen dazugeben. Mit etwa 175 ml Wasser und den passierten Tomaten ablöschen, aufkochen und etwa 15 Minuten köcheln lassen.

3 Nudeln in kochendem Salzwasser nach Packungsanweisung zubereiten. Thymian waschen, Blättchen abzupfen und fein hacken. Linsensauce mit Brühe, Salz, Pfeffer, Zimt und Thymian abschmecken. Nudeln mit Rote-Linsen-Bolognese und Parmesan anrichten.

Regenbogen-pizza

So schön bunt wie ein Regenbogen! Und der Boden aus Sojamehl ist eine wahre Ballaststoffbombe.

Für den Teig

75 g Sojamehl
40 g Haferkleie
30 g geschrotete goldene
  Leinsamen
30 g gemahlene Mandeln
Salz
80 g Magerquark

Für den Belag

1/2 kleiner Brokkoli (ca. 200 g)
Salz
50 g TK-Erbsen
150 g Kirschtomaten
1 orange Paprikaschote
  (ca. 150 g)
75 g Gemüsemais (aus der Dose)
1 rote Zwiebel
1/2 kleine Aubergine (ca. 100 g)
100 g passierte Tomaten
  (aus dem Glas)
frisch gemahlener weißer Pfeffer
100 g Mozzarella, fein gerieben

1 Den Backofen auf 200 °C Ober-/Unterhitze vorheizen. Für den Teig Mehl, Kleie, Leinsamen, Mandeln und Salz mischen. Quark mit 7–8 EL lauwarmem Wasser verquirlen und unter die trockenen Zutaten rühren. Zu einem glatten Teig verkneten und 5 Minuten quellen lassen. Teig zwischen zwei Lagen Frischhaltefolie rechteckig (25 x 40 cm) ausrollen. Obere Folie entfernen und Teig mithilfe der zweiten Folie auf ein mit Backpapier ausgelegtes Backblech legen. Etwa 10 Minuten vorbacken.

2 Inzwischen für den Belag Brokkoli waschen, in Röschen teilen, in kochendem Salzwasser 3–4 Minuten blanchieren. Erbsen 1 Minute vor Ende der Garzeit dazugeben. Abschrecken, gut abtropfen lassen. Tomaten waschen und halbieren. Paprika vierteln, entkernen, waschen und in Stücke schneiden. Mais in einem Sieb abtropfen lassen. Zwiebel abziehen und in dünne Ringe schneiden . Aubergine waschen und klein würfeln.

3 Passierte Tomaten mit Salz und Pfeffer würzen. Auf der vorgebackenen Pizza verteilen. Mit Mozzarella bestreuen. Dann Gemüse wie einen Regenbogen in Streifen darauf anordnen. Pizza bei gleicher Temperatur etwa 10 Minuten fertig backen.

Räuchertofu-Sticks auf Orangen-Carpaccio

Ein frisches, bekömmliches und doch raffiniertes Abendessen, das in 10 Minuten auf dem Tisch steht.

Für das Orangen-Carpaccio 2 unbehandelte Orangen | 20 g Walnusskerne
Für die Creme 4 EL Sojaquark Natur | 2 TL Agavendicksaft | 1 TL mittelscharfer Senf |
Salz | frisch gemahlener weißer Pfeffer
Für die Räuchertofu-Sticks 1 TL Kokosöl | 200 g Räuchertofu | Salz |
frisch gemahlener schwarzer Pfeffer

1 Für das Carpaccio Orangen heiß waschen, von einer Orange die Schale abreiben. Beide Orangen so schälen, dass die weiße Haut komplett entfernt ist. In Scheiben schneiden, dabei den Saft auffangen. Orangenscheiben kreisförmig auf Tellern anrichten.

2 Sojaquark, Agavendicksaft, Senf und Orangensaft glatt verrühren. Orangenabrieb unterrühren. Mit Salz und Pfeffer würzen.

3 Kokosöl in einer Pfanne erhitzen. Tofu in Sticks schneiden, im heißen Öl unter Wenden bei hoher Temperatur etwa 3 Minuten goldbraun braten. Mit Salz und Pfeffer würzen, herausnehmen und auf den Orangen anrichten. Creme darüberträufeln, Walnusskerne grob hacken und darüberstreuen.

TIPP Wer das Gericht nicht vegan zubereiten möchte, kann statt Sojaquark normalen Quark oder Frischkäse verwenden. Für das Carpaccio eignen sich statt Orangen auch Tomaten oder Rote Bete.

Brokkoli-Reis-Bowl mit Garnelen

Eine ganze Schale köstlicher Slow-Carb-Leckereien: Vollkornreis, Bohnen und Trockenfrüchte.

Für die Bowl

100 g Vollkornreis
Salz
1 Brokkoli (ca. 400 g)
1 Dose Tigerbohnen oder
  Wachtel-/Borlottibohnen
  (250 g Abtropfgewicht)
50 g Soft-Aprikosen

Für die Vinaigrette

2 EL Aprikosensaft
1 EL Zitronensaft
1–2 TL Tamari
  (glutenfreie Sojasauce)
1 TL mittelscharfer Senf
Salz
frisch gemahlener weißer Pfeffer
2 EL natives Olivenöl extra

Für die Garnelen

9 TK-Garnelen ohne Kopf und
  Schale (à ca. 30 g)
1 TL Kokosöl

1 Reis in kochendem Salzwasser nach Packungsanweisung zubereiten. Reis abgießen und abtropfen lassen. Brokkoli putzen, waschen und in Röschen teilen. Brokkoli in kochendem Salzwasser 6–8 Minuten garen, abgießen und mit kaltem Wasser abschrecken. Bohnen in ein Sieb geben, abspülen und abtropfen lassen. Soft-Aprikosen in kleine Stücke schneiden.

2 Für die Vinaigrette Aprikosen- und Zitronensaft, Tamari, Senf, Salz und Pfeffer verquirlen. Olivenöl unterschlagen. Alle Bowl-Zutaten mit der Vinaigrette in einer Schale mischen und ziehen lassen.

3 Garnelen auftauen lassen, Darm entfernen, waschen und trocken tupfen. Kokosöl in einer Pfanne erhitzen. Garnelen darin unter Wenden 4–5 Minuten braten. Auf der Bowl anrichten.

Tricolore-Hütten-
käseplätzchen

Ein herrliches Farbspiel aus Rot, Grün und Weiß!
Die Plätzchen sind kalorienarm und easy gemacht.

2 EL Pinienkerne
2 Tomaten
1 grüne Paprikaschote
1 Zwiebel
1/2 Bund frischer Schnittlauch
200 g Hüttenkäse
50 g Dinkelvollkornmehl
Salz
frisch gemahlener weißer Pfeffer

1 Den Backofen auf 220 °C Ober-/Unterhitze vorheizen. Pinienkerne grob hacken und in einer beschichteten Pfanne ohne Fett anrösten, bis sie beginnen zu duften. Herausnehmen und auskühlen lassen. Tomaten und Paprika waschen. Tomaten vierteln und Kerne entfernen. Tomatenfruchtfleisch und Paprika fein würfeln. Zwiebel abziehen und ebenfalls fein würfeln. Schnittlauch waschen, trocken schütteln und in feine Röllchen schneiden.

2 Hüttenkäse, Dinkelvollkornmehl, Pinienkerne, Tomaten, Paprika, Zwiebel und Schnittlauch verrühren. Mit Salz und Pfeffer würzen. Die Masse in etwa sechs Portionen teilen. Jede Portion zu einem flachen Plätzchen formen und auf ein mit Backpapier ausgelegtes Backblech setzen. Im vorgeheizten Ofen etwa 20 Minuten backen. Etwas abkühlen lassen, dann vorsichtig mit einem Pfannenwender lösen.

Gemüse-Tajine*
mit Hähnchenkeulen

Das orientalisch gewürzte Fleisch und Gemüse gart in der Tajine schonend und wird herrlich saftig.

Für die Tajine

1 Aubergine (ca. 200 g)

3 Karotten (ca. 300 g)

250 g grüne Bohnen

2 Zwiebeln

2 Knoblauchzehen

8 kleine Hähnchenunterkeulen
  (à ca. 95 g)

2 EL Ghee (geklärte Butter;
  aus dem Bioladen)

1 TL Kreuzkümmelsamen

2 Zimtstangen

200 g Kirschtomaten

1 Dose Kichererbsen
  (Abtropfgewicht ca. 250 g)

Ras el-Hanout (traditionelle
  Würzmischung aus Marokko)

Salz

frisch gemahlener schwarzer
  Pfeffer

Für den Dip

200 g Joghurt Natur (3,5 % Fett)
  oder griechischer Joghurt

Saft und abgeriebene Schale von
  ½ unbehandelten Zitrone

½ Döschen gemahlener Safran

Salz

frisch gemahlener weißer Pfeffer

1 Den Backofen auf 200 °C Ober-/Unterhitze vorheizen. Für die Tajine Aubergine, Karotten und Bohnen putzen und waschen. Aubergine in Würfel, Karotten und Bohnen in Stücke schneiden. Zwiebeln und Knoblauchzehen abziehen. Zwiebeln in Spalten, Knoblauch in feine Würfel schneiden.

2 Hähnchenkeulen waschen und trocken tupfen. Ghee in einer Tajine (alternativ in einem Bräter) erhitzen. Keulen darin unter Wenden etwa 8 Minuten braten. Kreuzkümmelsamen und Zimtstangen kurz mit anrösten. Keulen herausnehmen. Dann Gemüse kurz im Bratfett anbraten. Keulen darauf verteilen, Deckel auflegen und die Tajine im Ofen 20–25 Minuten schmoren.

3 Tajine aus dem Ofen nehmen. Tomaten waschen, halbieren und mit Kichererbsen dazugeben. Weitere 15–20 Minuten schmoren. Mit Ras el-Hanout, Salz und Pfeffer würzen. 10 Minuten im heißen Ofen ruhen lassen.

4 Für den Dip Joghurt mit Zitronensaft, -abrieb und Safran verrühren. Mit Salz und Pfeffer abschmecken.

TIPP Bei einer unglasierten Tajine sollten Sie Topf und Deckel vor dem Kochen 10–20 Minuten wässern.

* Als Tajine bezeichnet man sowohl das Kochgefäß als auch das darin zubereitete Gericht. Die Tradition stammt aus Nordafrika. Typisch ist der gewölbte Deckel des Schmortopfes, an dem der Wasserdampf kondensieren und wieder herablaufen kann.

Herzhafter Gersten-graupen-Eintopf

Ein Magen- und Seelenwärmer, den Sie nach Kühl-schrankinhalt und eigenem Gusto variieren können.

100 g Gerstengraupen | 1 kleine Steckrübe (ca. 200 g) | ½ kleiner Wirsing (ca. 400 g) | 1–2 TL Kokosöl | 2 getrocknete Lorbeerblätter | ca. 1 ¾ l Gemüsebrühe | 2 Kabanossi (à ca. 75 g) | ½ Bund frische Petersilie | Salz | frisch gemahlener schwarzer Pfeffer

1 Graupen über Nacht in Wasser einweichen. Abgießen, abspülen und abtropfen lassen. Steckrübe schälen und klein würfeln. Wirsing in Blätter teilen, waschen, abtropfen lassen und in Stücke schneiden.

2 Kokosöl in einem großen Topf erhitzen. Gemüse, Graupen und Lorbeer-blätter darin anschwitzen. Mit Brühe auffüllen, aufkochen und abgedeckt etwa 30 Minuten bei geringer Temperatur köcheln lassen. 5–10 Minuten vor Ende der Garzeit Kabanossi darin erwärmen. Petersilie waschen, trocken schütteln, Blättchen abzupfen und fein hacken. Kabanossi her-ausnehmen, in Scheiben schneiden. Suppe mit Salz und Pfeffer würzen. Mit Kabanossi und Petersilie anrichten.

TIPP Lust auf Abwechslung? Statt Steckrübe können Sie Karotten, Pastinaken oder Petersilienwurzel verwenden. Auch beim Kohl können Sie variieren – je nachdem, was Sie saisonal vorrätig haben.

Mariniertes Rinderfilet
mit Bohnenmousse

Zartes Fleisch, edler Reis, luftige Bohnenmousse – ein Festessen, das auch bei Gästen toll ankommt.

Für den Limetten-Wildreis 100 g Wildreis | Salz | Saft und Abrieb von ½ unbehandelten Limette
Für das Rinderfilet 4 EL Balsamico-Essig | Salz | frisch gemahlener schwarzer Pfeffer | 2 kleine Rinderfilets (à ca. 125 g)
Für die Bohnenmousse ½ Dose weiße Bohnen (ca. 120 g) | 1 Lauchzwiebel | 1 Knoblauchzehe | 75 g Schlagsahne | Salz | frisch gemahlener weißer Pfeffer

1 Für den Limetten-Wildreis Wildreis in kochendem Salzwasser mit Limettensaft nach Packungsanweisung (etwa 45 Minuten) kochen. Balsamico-Essig mit Salz und Pfeffer verrühren. Rinderfilets darin marinieren.

2 Für die Bohnenmousse Bohnen in einem Sieb kalt abspülen und abtropfen lassen. Lauchzwiebel putzen, waschen und in feine Ringe schneiden; grüne Teile beiseitelegen. Knoblauchzehe abziehen und hacken. Bohnen, weiße Lauchzwiebelringe und Knoblauch pürieren. Sahne halbsteif schlagen und unter das Püree ziehen. Mit Salz und Pfeffer abschmecken.

3 Rinderfilets aus der Marinade nehmen und von beiden Seiten 2–3 Minuten scharf anbraten. Herausnehmen und kurz in Folie ruhen lassen. Überschüssiges Wasser beim Reis abgießen und Reis mit Limettenabrieb würzen. Fleisch mit Limetten-Wildreis, Bohnenmousse und grünen Lauchzwiebelringen anrichten.

Lachsfilet
auf Grünkernrisotto

Ein Gericht mit Biss: Grünkern macht das Risotto kernig und nicht so cremig wie das aus Reis.

Für das Grünkernrisotto 150 g Grünkern ⏐ 1 Zwiebel ⏐ 1 TL Kokosöl ⏐ ca. 375 ml Gemüsebrühe ⏐ 2 Karotten (ca. 200 g) ⏐ 2 Petersilienwurzeln (ca. 150 g) ⏐ 25 g Parmesan, fein gerieben ⏐ Salz ⏐ frisch gemahlener weißer Pfeffer
Für das Lachsfilet 2 Lachsfilets (à ca. 125 g) ⏐ 1 EL Zitronensaft ⏐ 1 TL Kokosöl ⏐ Salz ⏐ frisch gemahlener weißer Pfeffer
Außerdem 2 EL grob gehackte Haselnusskerne ⏐ 2 EL frische fein gehackte Petersilie

1 Für das Risotto Grünkern in einem Sieb abspülen und abtropfen lassen. Zwiebel abziehen und würfeln. Kokosöl in einem Topf erhitzen. Erst die Zwiebel darin glasig anschwitzen, dann Grünkern dazugeben und etwa 3 Minuten mitdünsten. Gemüsebrühe nach und nach hinzufügen, aufkochen und abgedeckt etwa 40 Minuten köcheln lassen. Dabei öfter umrühren.

2 Karotten und Petersilienwurzeln schälen und fein würfeln. 10 Minuten vor Ende der Garzeit zum Grünkern geben. Parmesan unterrühren. Grünkernrisotto mit Salz und Pfeffer abschmecken.

3 Lachs kalt abbrausen, trocken tupfen und mit Zitronensaft beträufeln. In Stücke schneiden und im heißen Kokosöl von beiden Seiten etwa 2 Minuten braten. Mit Salz und Pfeffer würzen. Grünkernrisotto mit Lachs, gehackten Haselnüssen und fein gehackter Petersilie anrichten.

Hähnchen mit
Wildreistalern

Dieses köstliche Gericht hat das Zeug, ein echtes Lieblingsessen zu werden. Auch Kinder lieben es.

Für die Wildreistaler 1 kleine Zwiebel | 1 TL Kokosöl | 100 g Wildreismischung | Salz | 1 Ei (Größe M) | frisch gemahlener weißer Pfeffer
Für das Hähnchen in Sauce 2 kleine Hähnchenbrustfilets (à ca. 125 g) | 1–2 TL mittelscharfer Senf | Salz | frisch gemahlener schwarzer Pfeffer | 1 TL Kokosöl | 75 g Schlagsahne | 100–125 ml Gemüsebrühe | 100 g TK-Erbsen | 3 Lauchzwiebeln

1 Zwiebel abziehen, fein würfeln, in heißem Kokosöl anschwitzen und mit etwa 250 ml Wasser ablöschen. Reis und etwas Salz zufügen und abgedeckt bei geringer Temperatur 20–25 Minuten quellen lassen. Den Backofen auf 200 °C Ober-/Unterhitze vorheizen. Ei mit etwas Salz und Pfeffer verquirlen und unter den Reis mischen. Mit einem Esslöffel etwa zehn Reistaler auf ein mit Backpapier ausgelegtes Backblech drücken und 20–25 Minuten knusprig backen.

2 Hähnchenbrustfilets waschen, trocken tupfen und in Stücke schneiden. Senf, Salz und Pfeffer in einer kleinen Schüssel verrühren. Hähnchenstücke damit vermischen. Kokosöl in einer Pfanne erhitzen, Hähnchenstücke darin etwa 2 Minuten anbraten. Sahne und Brühe angießen, aufkochen, Erbsen zufügen und offen etwa 5 Minuten köcheln lassen. Sauce mit Salz und Pfeffer würzen. Lauchzwiebeln waschen und in Röllchen schneiden. Reistaler mit Hähnchen, Sauce und Lauchzwiebeln anrichten.

Goldbrauner Kürbis-
Hack-Auflauf

Ein Megafamilienhit, der ganz einfach gelingt und eine knusprig-cremige Vollkorn-Käse-Haube hat.

Für den Auflauf 1 Zwiebel ┃ 3 Stängel frischer Majoran ┃ 2 Zweige frischer Rosmarin ┃ 1 TL Kokosöl ┃ 500 g Rinderhackfleisch ┃ 1 EL Tomatenmark ┃ 2 Dosen stückige Tomaten (à 400 g) ┃ Salz ┃ frisch gemahlener schwarzer Pfeffer ┃ 1 kleiner Hokkaidokürbis (ca. 400 g) ┃ 75 g Comté-Käse ┃ 3–4 EL Vollkornsemmelbrösel
Für den Selleriestampf 1 große Knolle Sellerie (ca. 350 g) ┃ 2 mittelgroße Kartoffeln (ca. 250 g) ┃ Salz ┃ 125 ml fettarme Milch (1,5 % Fett) ┃ frisch gemahlener weißer Pfeffer ┃ frisch geriebene Muskatnuss

1 Zwiebel abziehen und fein würfeln. Majoran und Rosmarin waschen, trocken schütteln, Blättchen und Nadeln abzupfen und grob hacken. Öl in einer Pfanne erhitzen. Hackfleisch darin etwa 3 Minuten krümelig braten. Zwiebel kurz mit anschwitzen, Tomatenmark ebenso. Tomaten zugeben und aufkochen lassen. Mit Salz, Pfeffer, Majoran und Rosmarin würzen.

2 Den Backofen auf 200 °C Ober-/Unterhitze vorheizen. Kürbis waschen und vierteln, Kerne und Fasern entfernen. Kürbis erst in dünne Spalten schneiden, dann quer halbieren. Kürbis und Hacksauce in eine große Auflaufform füllen und 40–45 Minuten backen. Käse fein reiben. Auflauf 20 Minuten vor Ende der Backzeit mit Käse und Semmelbröseln bestreuen und fertig backen.

3 Sellerie schälen und klein schneiden. Kartoffeln schälen und in ebenso große Stücke schneiden. Beides in kochendem Salzwasser etwa 20 Minuten weich garen, abgießen und grob zerdrücken. Milch erwärmen und einrühren. Selleriestampf mit Salz, Pfeffer und Muskat würzen und mit dem Kürbis-Hack-Auflauf servieren.

Schnelle **Linsen-nudelpfanne**

Linsennudeln? Eine tolle Slow-Carb-Alternative für alle Pastafans – hier als fixes Pfannengericht.

300 g rote Linsennudeln (aus dem Bioladen) | Salz | 2 kleine Hähnchenbrustfilets (à ca. 125 g) | 1 TL Kokosöl | frisch gemahlener weißer Pfeffer | 300 ml Gemüsebrühe | 50 g Schlagsahne | 50 g Frischkäse (17% Fett) | 200 g junge Spinatblätter | frisch geriebene Muskatnuss | frisch gehacktes Basilikum für die Deko

1 Linsennudeln in reichlich kochendem Salzwasser etwa 4 Minuten bissfest garen. Fleisch waschen, trocken tupfen und in Streifen schneiden. Öl in einer großen Pfanne erhitzen. Fleisch darin rundherum 5–8 Minuten braten. Mit Salz und Pfeffer würzen und herausnehmen.

2 Brühe und Sahne in das Bratfett gießen, aufkochen. Käse unter Rühren darin schmelzen. Spinat putzen, waschen, eventuell etwas kleiner schneiden und in der Sauce zusammenfallen lassen. Fleisch wieder zugeben. Bei geringer Temperatur 2–3 Minuten erhitzen. Nudeln abgießen, abtropfen lassen und unterheben. Alles mit Salz, Pfeffer und Muskat würzen. Mit Basilikum anrichten.

TIPP Linsennudeln schäumen beim Kochen recht stark und kochen deshalb leichter über als normale Nudeln.

Mit Hirse gefüllte
Auberginen

Hirse ist dank des hohen Siliziumgehalts ein echtes Beauty-Food für Haut, Haare und Nägel.

Für die gefüllten Auberginen

2 Auberginen (à ca. 500 g)
Salz
3 EL Olivenöl
150 g Hirse
gut 350 ml Gemüsebrühe
5 Lauchzwiebeln
3 Stangen Staudensellerie
 (ca. 300 g)
2 Knoblauchzehen
2 Zweige frischer Thymian
50 g getrocknete Kirschen
100 g Feta
frisch gemahlener schwarzer
 Pfeffer

Für den Dip

1 vorgegarte, vakuumierte
 Rote Bete (ca. 100 g)
200 g Joghurt Natur (3,5 % Fett)
 oder griechischer Joghurt
Salz
frisch gemahlener weißer Pfeffer

1 Den Backofen auf 175 °C Ober-/Unterhitze vorheizen. Auberginen längs halbieren, das Fruchtfleisch rautenförmig einschneiden, ohne die Schale zu durchtrennen. Schnittfläche mit Salz und 2 EL Olivenöl einreiben. Auberginen auf ein Backblech legen und im Ofen etwa 30 Minuten garen.

2 Hirse nach Packungsanweisung etwa 20 Minuten in der Brühe garen. Lauchzwiebeln und Sellerie waschen. Lauchzwiebeln in dünne Ringe, Sellerie in dünne Scheiben schneiden. Knoblauchzehen abziehen und fein hacken. Thymian waschen, trocken schütteln und Blättchen abzupfen. Kirschen grob hacken. Feta in kleine Würfel schneiden.

3 Das Auberginenfruchtfleisch mit einem Esslöffel aus der Schale lösen, etwa 1 cm an der Schale lassen. Fruchtfleisch grob hacken. Restliches Olivenöl in einer großen Pfanne erhitzen, Knoblauch darin glasig anschwitzen. Lauchzwiebeln, Sellerie und Thymian zugeben und etwa 5 Minuten dünsten. Aubergine, Kirschen und Hirse zugeben, mit Salz und Pfeffer würzen. Füllung in den Auberginenhälften verteilen. Mit Feta bestreuen und bei gleicher Temperatur etwa 15 Minuten fertig backen.

4 Rote Bete würfeln und mit 2–3 EL Wasser fein pürieren. Joghurt mit Salz und Pfeffer würzen. Rote-Bete-Püree spiralig unterziehen. Joghurt zu den Auberginen servieren.

4 Portionen | 1 STD 20 MIN | 402 kcal, 31 g E, 22 g F, 18 g KH, 4 g BS

Sauerkraut-Kassler-
Cassoulet

Ein deftiger französischer Eintopf mit knuspriger
Slow-Carb-Vollkornkruste, der im Ofen gegart wird.

2 Zwiebeln | 400 g ausgelöstes Kassler | 75 g geräucherter durchwachsener Speck |
500 g grüne Bohnen | 1 Dose/Päckchen Sauerkraut (500 g) | 3 getrocknete Wacholderbeeren |
2 getrocknete Gewürznelken | 1 getrocknetes Lorbeerblatt | Salz | frisch gemahlener
schwarzer Pfeffer | 100 g Schlagsahne | 4 EL Vollkornsemmelbrösel | etwas Olivenöl zum
Beträufeln | frisch gehackte Petersilie zum Bestreuen

1 Den Backofen auf 200 °C Ober-/Unterhitze vorheizen. Zwiebeln ab-
ziehen. Fleisch waschen und trocken tupfen. Zwiebeln und Speck fein,
Fleisch grob würfeln. Speck in einem Bräter knusprig braten. Zwiebeln und
Fleisch kurz mitbraten. Bohnen waschen, putzen und in Stücke schnei-
den. Sauerkraut und Bohnen unter das Fleisch mischen. Mit Wacholder,
Nelken, Lorbeer, Salz und Pfeffer würzen.

2 Sahne und gut 250 ml Wasser angießen. Alles abgedeckt im Ofen etwa
1 Stunde schmoren. 15 Minuten vor Ende der Garzeit Vollkornsemmelbrösel darüberstreuen und mit Olivenöl beträufeln. Offen zu Ende garen. Mit
gehackter Petersilie bestreut servieren.

Süßes und Desserts

Supersaftiger
Marmorkuchen

Überraschung: Der Kuchen besteht zum Großteil aus Bohnen. Das macht ihn herrlich saftig und hält ihn lange frisch.

Für den hellen Teig 1 Dose weiße Bohnen (Abtropfgewicht 250 g) | 1 reife Banane | 6 Soft-Datteln | 3 Eier (Größe M) | 1 TL Weinsteinbackpulver | Fett für die Form
Für den dunklen Teig 1 Dose schwarze Bohnen (Abtropfgewicht 250 g) | 1 reife Banane | 6 Soft-Datteln | 3 Eier (Größe M) | 2 EL rohes Kakaopulver | 1 TL Weinsteinbackpulver
Für die Dekoration 100 g Zartbitterkuvertüre | 1 TL natives Kokosöl | getrocknete Kornblumen zum Bestreuen

1 Für den hellen Teig weiße Bohnen in einem Sieb abgießen, abspülen und abtropfen lassen. Banane schälen und in Stücke schneiden. Datteln grob in Stücke schneiden. Bohnen, Banane, Datteln, Eier und Weinsteinbackpulver fein pürieren und in eine gut gefettete Gugelhupfform (Ø 18–20 cm, mindestens 1 ½ l Fassungsvermögen) füllen. Den Backofen auf 175 °C Ober-/Unterhitze vorheizen.

2 Für den dunklen Teig schwarze Bohnen in einem Sieb abgießen, abspülen und abtropfen lassen. Banane schälen und in Stücke schneiden. Datteln grob in Stücke schneiden. Bohnen, Banane, Datteln, Eier, Kakao und Weinsteinbackpulver fein pürieren, über den hellen Teig geben und mit einer Gabel spiralig durchziehen. Im vorgeheizten Ofen etwa 45 Minuten backen. Herausnehmen und auskühlen lassen.

3 Kuvertüre und Kokosöl über einem warmen Wasserbad schmelzen und Kuchen damit überziehen. Mit getrockneten Kornblumen bestreuen. Trocknen lassen.

Gestrudeltes Heidel-beer-Keks-Parfait

Völlig durchgedreht – aber nur wegen des himmlischen Geschmacks. Ein perfektes Dessert für Gäste!

Für die Haferflockenkekse

50 g Butter
65 g blütenzarte Haferflocken
25 g Dinkelmehl (Type 1050)
35 g Rohrohrzucker
1 Ei (Größe M)

Für die Parfaitmasse

100 g TK-Heidelbeeren
100 g Schlagsahne
1 Vanilleschote
250 g Speisequark (20 % Fett)
150 g griechischer Joghurt
2 EL Honig

Außerdem

evtl. frische Heidelbeeren

1 Den Backofen auf 175 °C Ober-/Unterhitze vorheizen. Für die Haferflockenkekse Butter schmelzen und etwas abkühlen lassen. Haferflocken, Mehl, Zucker, Ei und abgekühlte, aber noch flüssige Butter mit den Schneebesen des Handrührgeräts verrühren. Im Kühlschrank etwa 20 Minuten quellen lassen. Mit einem Teelöffel etwa zwölf Kleckse auf ein mit Backpapier ausgelegtes Backblech setzen und flach drücken. Im vorgeheizten Backofen 12–15 Minuten backen. Herausnehmen und auskühlen lassen.

2 TK-Heidelbeeren auftauen lassen. Sahne steif schlagen. Vanilleschote längs halbieren und das Mark herauskratzen. Quark, Joghurt, Vanillemark und Honig cremig verrühren. Sahne locker unterheben. Drei bis vier Haferplätzchen (etwa 75 g) grob zerbröseln und ebenfalls locker unterheben.

3 Heidelbeeren und 1–2 EL Wasser glatt pürieren. Die Hälfte der Parfaitmasse mit dem Fruchtpüree verrühren. Die andere Hälfte in eine mit Frischhaltefolie ausgelegte Kastenkuchenform (etwa 15 cm) füllen. Heidelbeer-Parfaitmasse darübergeben und mit einer Gabel leicht spiralig durchziehen. Parfait glatt streichen, mit Folie abdecken und mindestens 4 Stunden, besser über Nacht einfrieren. Parfait 20–30 Minuten vor dem Servieren antauen lassen. Aus der Form stürzen, Folie abziehen und Parfait in Scheiben schneiden. Nach Wunsch mit frischen Heidelbeeren und einigen Haferflockenkeksen anrichten.

TIPP Die Kekse schmecken auch herrlich als Snack unterwegs oder einfach zu einer Tasse Kaffee.

 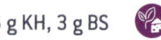

Aprikosen-Dinkel-
Streuselkuchen

Knusprige Streusel auf saftigen Früchten, dazu
Vanillequark – Genießerherz, was willst du mehr?

Für den Teig 250 g Dinkelmehl (Type 1050) plus evtl. etwas mehr |
125 g Butter in Stückchen | 50 g Rohrohrzucker | 1 Ei (Größe M) | 1 Prise Salz
Für den Belag 100 g Apfelmark | 750 g frische Aprikosen oder 1 große
Dose Aprikosenhälften (850 g) | 40 g grob gehackte Erdnüsse
Für den Vanillequark 150 g Speisequark (20 % Fett) |
1 Msp. Vanillepulver | 1 TL Honig

1 Für den Teig alle Zutaten zu einem Mürbeteig verkneten. Zwei Drittel des
Teiges in einer mit Backpapier ausgelegten Springform (Ø 26 cm) zu einem
Boden andrücken, dabei einen Rand formen. Den Backofen auf 200 °C Ober-/
Unterhitze vorheizen.

2 Apfelmark auf dem Streuselboden verstreichen. Frische Aprikosen
waschen, abtropfen lassen, halbieren und entsteinen. Dosenfrüchte abgießen und abtropfen lassen. Aprikosenhälften auf dem Apfelmark verteil-
len. Mürbeteig nochmals durchkneten, dabei eventuell noch etwas Mehl
unterkneten. Mürbeteig als Streusel auf dem Kuchen verteilen. Erdnüsse
gleichmäßig darüberstreuen. Im vorgeheizten Ofen etwa 45 Minuten
backen und herausnehmen.

3 Für den Vanillequark Quark mit Vanillepulver und Honig glatt rühren.
Kuchen in Stücke schneiden und mit einem Klecks Vanillequark servieren.

TIPP Apfelmark ist vergleichbar mit Apfelmus, wird aber ohne weiteren Zuckerzusatz aus frischen Äpfeln hergestellt. Es ist weniger süß und
schmeckt angenehm fruchtig. Gibt es in Drogerien und im Reformhaus.

Zweierlei gefüllte
Hefeschnecken

Variante eins ist mit Cranberrys und Kakaonibs gefüllt, Variante zwei mit Haselnüssen und Marzipan. Beide sind ein Gedicht!

Für den Hefeteig 150 g Teffmehl (aus dem Reformhaus) ǀ 100 g Weizenvollkornmehl plus etwas für die Arbeitsfläche ǀ 1 Päckchen Trockenhefe ǀ 50 g Rohrohrzucker ǀ 125 g Magerquark ǀ 8 EL Rapskernöl ǀ 2 Eier (Größe M)
Für die Füllung 40 g zimmerwarme Butter ǀ 40 g Soft-Cranberrys ǀ 1 EL Kakaonibs ǀ 50 g Honig-Marzipan (aus dem Reformhaus) ǀ 50 g gehackte Haselnusskerne
Außerdem 1 Eigelb (Größe S) ǀ 2 EL fettarme Milch (1,5 %)

1 Für den Teig beide Mehle, Hefe und Zucker in einer Schüssel vermischen. Quark, Öl, Eier und etwa 8 EL Wasser zufügen. Alles erst mit den Knethaken des Handrührgeräts, dann mit den Händen zu einem glatten Teig verkneten. Abgedeckt etwa 1 Stunde an einem warmen Ort gehen lassen.

2 Den Backofen auf 200 °C Ober-/Unterhitze vorheizen. Teig kurz durchkneten und halbieren. Beide Hälften auf etwas Mehl rechteckig (20 x 25 cm) ausrollen. Butter dünn auf beide Hälften streichen. Cranberrys fein hacken. Auf der einen Hälfte verteilen und mit Kakaonibs bestreuen. Auf die andere Hälfte das Honig-Marzipan raspeln und die gehackten Haselnüsse streuen. Teigplatten mit einer Palette von der Arbeitsfläche lösen und von der schmaleren Seite aufrollen. Rollen jeweils in zehn Scheiben schneiden. Schnecken auf ein mit Backpapier ausgelegtes Backblech legen.

3 Eigelb und Milch verrühren und die Schnecken damit bestreichen. Im vorgeheizten Ofen 12–14 Minuten backen, herausnehmen und abkühlen lassen.

Raw-Minigugels
aus Buchweizen

Diese Napfküchlein bestehen nur aus rohen, unver-
arbeiteten Zutaten (englisch „raw"). Sehr gesund!

75 g Pekannusskerne | 65 g Buchweizenkeimlinge | 40 g Soft-Datteln | 45 g Kokosmehl |
2 EL rohes Kakaopulver | 1 $\frac{1}{2}$ EL Dattelsüße | 1 Msp. Vanillepulver | 1 Prise Salz

1 Pekannusskerne grob hacken. Mit allen anderen Zutaten und etwa
75 ml Wasser in der Küchenmaschine zu einer glatten Masse verarbeiten.

2 Eine Minigugelform aus Silikon (je Mulde ⌀ etwa 4 cm) mit kaltem
Wasser ausspülen, dann Nussmasse hineindrücken und etwa 2 Stunden in den Kühlschrank stellen. Vorsichtig aus der Form lösen. Kühl
aufbewahren.

2 x „Heiß auf Eis"

Selbst gemachtes Eis schmeckt viel purer und natürlicher als gekauftes. Es geht ganz leicht!

 6 Portionen   10 MIN + 1 STD   224 kcal, 5 g E, 11 g F, 24 g KH, 4 g BS

Rote-Bete-Himbeer-Eiscreme

2 vorgegarte, vakuumierte Rote
  Bete (ca. 250 g)
250 g TK-Himbeeren
125 g Mandelmus
125 g Agavendicksaft

Rote Bete, Himbeeren, Mandelmus und Agavendicksaft mit dem Mixstab oder in der Küchenmaschine fein pürieren. Eismasse in eine gefrierfeste Schüssel geben und im Tiefkühlfach 45–60 Minuten gefrieren lassen. Dabei öfter umrühren.

 6 Portionen   15 MIN + 3–4 STD   302 kcal, 4 g E, 17 g F, 31 g KH, 4 g BS

Bananen-Schokosplit-Eiscreme

4 Bananen
150 g griechischer Joghurt
100 g Kokosmus
100 g Agavendicksaft
50 g Kakaonibs

Bananen schälen, in Stücke schneiden und 2–3 Stunden einfrieren. Gefrorene Bananenstücke, griechischen Joghurt, Kokosmus und Agavendicksaft mit dem Mixstab oder in der Küchenmaschine zu einer cremigen Masse pürieren. Kakaonibs unterheben. Eismasse in eine gefrierfeste Schüssel geben und im Tiefkühlfach 45–60 Minuten gefrieren lassen. Dabei öfter umrühren.

 4 Portionen 45 MIN 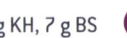 301 kcal, 9 g E, 12 g F, 38 g KH, 7 g BS

Seidentofucreme mit
Fruchtpüree

Aus Trockenfrüchten lässt sich ganz easy eine luftige Mousse zaubern, die süß und zudem gesund ist.

Für die Seidentofucreme 400 g Seidentofu | 2–3 EL Agavendicksaft |
1 Msp. Vanillepulver | 1–2 EL Zitronensaft
Für das Fruchtpüree 75 g getrocknete Pflaumen | 75 g getrocknete Kirschen |
200 ml Apfelsaft | 60 g Haselnussmus | 2 EL Agavendicksaft | 1 EL Zitronensaft

1 Für die Creme Seidentofu, Agavendicksaft, Vanillepulver und Zitronensaft mit dem Mixstab zu einer glatten Creme pürieren.

2 Für das Fruchtpüree Pflaumen und Kirschen klein schneiden und in
einer Schüssel im Apfelsaft etwa 30 Minuten einweichen. Dann die einge-
weichten Trockenfrüchte inklusive Apfelsaft mit Haselnussmus, Agavendicksaft und Zitronensaft mit dem Mixstab fein pürieren. Püree auf vier
Gläser verteilen und mit der Seidentofucreme bedecken.

Quietschgrüne Matcha-Spinat-Küchlein

Spinat im süßen Küchlein? Jawohl, das schmeckt!
Und er sorgt mit dem Matcha für die tolle Farbe.

Für den Spinatteig 100 g TK-Spinat | 175 g Rapskernöl | 2 g Matchapulver |
2 Eier (Größe M) | 75 g Rohrohrzucker | 150 g Dinkelmehl (Type 1050) | ½ Päckchen
Weinsteinbackpulver | 50 g gemahlene Mandeln | Fett für die Muffinform
Für den Mangojoghurt 75 g frische Mango | 100 g Joghurt Natur (3,5 % Fett)

1 Für den Teig Spinat auftauen lassen, gut ausdrücken und grob hacken.
Spinat, Öl und Matcha mit dem Stabmixer oder Blitzhacker zu einer mög-
lichst glatten, homogenen Masse pürieren. Den Backofen auf 175 °C Ober-/
Unterhitze vorheizen.

2 Eier und Zucker mit den Schneebesen des Handrührgeräts verrühren.
Mehl, Backpulver und gemahlene Mandeln mischen. Trockene Zutaten
und Spinatpüree im Wechsel unter die Eimasse rühren. Teig in etwa zehn
gefettete oder mit Papiermanschetten ausgelegte Mulden eines Muffin-
blechs füllen und im vorgeheizten Ofen etwa 25 Minuten backen. Herausnehmen, abkühlen lassen und aus den Mulden lösen.

3 Für den Mangojoghurt die Mango schälen, grob in Würfel schneiden
und mit dem Mixstab fein pürieren. Mangopüree spiralig unter den Joghurt
ziehen. Mangojoghurt als Klecks zu den Küchlein servieren.

Süßkartoffel-Ingwer-
Kastenkuchen

Der Kuchen ist ein echter Hit! Saftig-süß durch die
Trockenfrüchte und mit leichter Ingwer-Schärfe.

Für den Rührteig 1 Süßkartoffel (ca. 400 g) | 100 g Soft-Aprikosen |
75 g Soft-Kirschen | 1 daumengroßes Stück frischer Ingwer | 200 g Rapskernöl |
400 g Joghurt Natur (3,5 % Fett) | 50 g flüssiger Honig | 300 g Emmervollkornmehl |
2 Päckchen Natron | 2 TL Weinsteinbackpulver | evtl. Fett für die Kuchenform
Für den Mohnjoghurt 1 EL Mohn | 100 g Joghurt Natur (3,5 % Fett)

1 Den Backofen auf 175 °C Ober-/Unterhitze vorheizen. Für den Rührteig
Süßkartoffeln schälen und am besten mit der Küchenmaschine fein raspeln. Aprikosen und Kirschen fein hacken. Ingwer schälen und sehr fein
hacken. Süßkartoffeln, Trockenfrüchte, Ingwer, Öl, Joghurt und Honig verrühren. Mehl, Natron und Backpulver mischen. Trockene Zutaten unter die
Süßkartoffelmischung rühren.

2 Teig in eine gefettete oder mit Backpapier ausgelegte große Kasten-
form (25 cm; alternativ zwei kleine Formen) füllen, glatt streichen und im
vorgeheizten Ofen etwa 70 Minuten backen (der Kuchen bleibt durch die
Trockenfrüchte recht saftig). Herausnehmen und auskühlen lassen.

3 Für den Mohnjoghurt Mohn in einem Mörser anstoßen oder in der
Mohnmühle frisch mahlen. Mit dem Joghurt verrühren. Mohnjoghurt zum
Kuchen servieren.

Register

Impressum

Produktmanagement: Annemarie Heinel
Textredaktion: Doreen Köstler
Korrektur: Susanne Langer
Layout und Satz: Silke Schüler
Umschlaggestaltung: *zeichenpool, München,
unter Verwendung von Fotos von Monika Schürle
Repro: LUDWIG:media, Zell am See
Herstellung: Barbara Uhlig
Text und Rezepte: Rebecca Schilling
Fotografie: Grossmann.Schuerle
Foodstyling: Lukas Grossmann

Printed in Slovenia by Florjancic

★ ★ ★ ★ ★

Sind Sie mit diesem Titel zufrieden? Dann würden wir uns über Ihre Weiterempfehlung freuen.

Erzählen Sie es im Freundeskreis, berichten Sie Ihrem Buchhändler oder bewerten Sie bei Onlinekauf. Und wenn Sie Kritik, Korrekturen, Aktualisierungen haben, freuen wir uns über Ihre Nachricht an Christian Verlag, Postfach 40 02 09, D-80702 München oder per E-Mail an lektorat@verlagshaus.de

Unser komplettes Programm finden Sie unter

 www.christian-verlag.de

Alle Angaben dieses Werkes wurden von der Autorin sorgfältig recherchiert und auf den neuesten Stand gebracht sowie vom Verlag geprüft. Für die Richtigkeit der Angaben kann jedoch keine Haftung übernommen werden.

Bildnachweis:
Alle Fotos stammen von Grossmann.Schuerle, außer:
Shutterstock (www.shutterstock.com):
S. 11 (Designua); S. 14, 17, 18, 33 (casanisa); S. 20 (bonchan); S. 22, 26 (Reschme); S. 23 (Oxana Denezhkina); S. 24 (Ekaterina Kondratova); S. 29 (HandmadePictures); S. 30 (natashamam)

Die Deutsche Nationalbibliothek verzeichnet diese Publikation in der Deutschen Nationalbibliografie; detaillierte bibliografische Daten sind im Internet über http://dnb.d-nb.de abrufbar.

ISBN 978-3-95961-089-6

Ebenfalls erhältlich ...

ISBN 978-3-86244-946-0

ISBN 978-3-95961-087-2

Clean Food macht schlank, glücklich und motiviert zu natürlichem Genuss. Wecke mit dem Clean Eating Kochbuch ein neues Lebensgefühl!

Neue Energie für trendbewusste Esser: Ein Brühe- und Suppen-Kochbuch für Paleolaner, Clean-Eater, Low-Carber und alle, die sich gerne gesund ernähren.

CHRISTIAN

www.christian-verlag.de